내 아이
마음을 사로잡는
대화법

추 천 서

자녀를 사랑하는 세상의 모든 부모가 읽어야 책

고경희 작가의 "내 아이 마음을 사로잡는 대화법"을 읽으면서 나는 참 부끄러웠다. 41년 동안 교육자로 지내왔고, 두 자녀와 네 명의 손자들이 있지만, 아이들의 자존감을 살려주면서 올바른 방법으로 가르쳤다고 할 수 없었기 때문이다.
반성과 회한으로 정독을 했다. 그리고 희망을 보았다. 이 책에 실린 사례들을 알고 실천할 수 있다면 방황하는 청소년들을 바르게 인도할 수 있겠다는 생각이 들었기 때문이었다. 그래서 이 책을 부모뿐만 아니라 교사들도 읽었으면 하는 생각이 들었다.

논술 강사로, 두 자녀의 엄마로 살아오면서 직접 경험한 사례를 진솔하게 엮은 글들은 한 자 한 자가 모두 감동으로 다가왔다. 싱글맘으로 두 아들을 성장시키는 일은 전혀 만만하지 않았을 것이다. 아들들의 방황과 논술을 배우는 학생들의 일탈한 행동을 수용하고 바르게 이끄는 일이 어려웠을 텐데도 자존감을 살려주면서 스스로 해결하도록 하는 현명한 엄마이고 교사였다.

라포를 형성하는 일은 말처럼 쉽지 않다. 자녀이건 학생이건 자기 생각을 알아주고 말을 할 수 있는 분위기를 만들어 주는 일은 생각보다 어려운 일이다. 자녀들이 생각하는 대로 행동하지 않으면 감정을 폭발하여 상황을 악화시키는 부모가 많다. 그런데 고경희 작가는 두 아들을 사랑하고, 신뢰하고, 자존감을 높여주면서 성장시켰다는 것을 글을 통해 알 수 있었다.

또한, 학생들의 일탈이나 상처를 어루만져주면서 문제를 문제가 아닌 일로 해결해내고 있다. 그 사례를 읽으면서 공감 능력이 아주 뛰어난 교사라는 생각이 들었다. 또한, 자신이 결론을 내리지 않고 학생 또는 자녀들이 스스로 해결하도록 유도하고 있어 뛰어난 상담가라고 여겨졌다.

지금까지 많은 상담 책이 출판되어 독자들의 사랑을 받고 있다. 또한, 부모와 자녀의 대화 기법을 다룬 책도 많다. 그런데 책을 읽을 때는 반성하고 결심하지만, 막상 자녀나 학생들 앞에만 서면 권위와 타이름으로 일관하는 자신을 보게 된다. 공감과 감동, 자기표현으로 자녀들이나 학생들을 가르치라고 강조하고 있지만, 습관이 되지 않으면 공염불이 되고 만다.

이 책을 세상의 모든 부모와 선생님들에게 권하고 싶다. 자녀를, 학생들을 다루는 일은 세상에서 가장 어려운 일이다. 일 년에 한 번쯤 만나는 사이가 아니라 늘 함께 지내는 사이이기도 하고, 성공을 바라는 간절한 희망을 품고 지켜보는 관계이기에 더욱더 그렇다. 이 책을 읽는 분들은 틀림없이 자녀들을, 학생들을 잘 키울 거라고 확신하면서, 참 좋은 책이 세상에 나온다는 생각으로 가슴이 흐뭇하다.

박재형
(동화작가, 전 백록초등학교장)

어릴 때부터 어머니와 많은 대화를 통해 문제를 해결하고 제가 힘든 것을 털어놓으면서 저 자신과 상황을 객관적으로 바라볼 수 있었습니다. 제가 아버지의 빈자리로 힘들어할 때, 저도 저를 모르는 사춘기 시절에 모두 어머니와 대화로 마음을 편히 할 수 있었습니다.

원지웅(큰아들 23세)

어머니와 대화에서 가장 큰 도움이 된 것은 공부에 거부감이 없게 해준 것입니다. 그래서 육군부사관을 준비하면서 최선을 다할 수 있었습니다. 그리고 현재 제가 필요한 공부를 게임을 하듯이 즐겁게 하고 있습니다. 지금도 저는 어렸을 때 저를 믿고 저 자신도 모르던 흥미를 끌어올리는 대화를 해주신 어머니께 감사하게 생각하고 있습니다.

원지혁(작은아들 22세)

부모님과의 마찰은 정녕 피할 수 없는 것인지 고민하며 속상해하던 날들이 있었다. 수많은 이유가 있었겠지만, 용기 있는 말 한마디와 그에 상응하는 응답이 있었다면 대부분 해결되었을 것이다. 한편으로는 지금의 나의 강점들도 모두 부모님과 나 사이에 오갔던 믿음의 말과 제스처에서 싹텄다.

이 책에는 부모에게도, 아이에게도, 한 번쯤은 찾아왔을 고민의 순간들이 마치 나의 얘기처럼 들어있다. 다양한 에피소드를 통해서 마음을 알아주기를 간절히 바라며 건넨 자녀의 메시지를 놓쳤을지도 모르는 부모님들과 먼저 대화를 시도해볼 용기가 없었던 자녀들 모두 훌륭한 지혜를 얻어갈 것이다. 사랑하고 걱정하는 마음을 대화로 온전히 서로에게 전달할 수 있다는 것을 이 책은 분명히 보여준다.

고나영(서울대학교 대학원 재학 중)

이 책을 읽으면서 '기다림'이라는 단어가 생각났다. 부도님이 믿고 기다려 주면 아이들은 잘 걸을 수 있다. 아이를 어떻게 키울지 고민이 된다면 이 책을 읽어 보라. 이 책에는 자신의 미래보다 아이들을 어떻게 키울지 치열하게 고민했던 한 작가의 이야기가 담겨 있다. 부모님의 행동이 조금이라도 바뀌었으면, 그래서 모든 가정이 행복했으면 하는 바람이다.

황준연(작가)

이 책은 아이들의 개인적 특성과 마음을 헤아리고 상황에 맞게 공감 소통하는 법을 알려 준다. 아이들의 자존감이 높아지고 스스로 자신의 잠재된 강점을 찾아 자기 주도적인 행복한 삶을 살기를 바란다면 꼭 읽어봐야 할 진정성 있는 책이다.

안은희(강원 진로교육원 진로 교육사)

누군가에게는 고민과 상처로 끝나버릴 수 있는 상황들을 지혜롭게 풀어나간 대화들이 감동이다. 그 힘은 바탕에 깔린 사랑일 것이다.

김미숙(독서 논술 강사)

프롤로그

아이와
대화하고자 하는
엄마들에게

나는 독서 논술 강사이며 두 아들과 살아가는 싱글맘이다. 여유 없는 가장으로 살아가느라 아이들에게 신경을 못 썼지만 바르게 자라준 아들들에게 항상 고마운 마음으로 산다.

아이들이 어릴 때부터 저녁에 집에 들어가면 항상 그날 있었던 일들을 함께 꺼내 놓았다. 집안일이 바빴지만, 아이들이 잠들 때까지 어떤 일도 하지 않았다. 아이들과 함께 하는 시간이 더 중요했기 때문이다. 아이들은 나와 함께 하는 시간을 기다렸고 나도 들어갈 때마다 설레었다. 아이들은 나와

나눌 이야기를 잊어버릴까 봐 종이에 적어두고 미주알고주알 늘어놓기에 바빴다.

　아이들과 일상적인 이야기로 대화를 시작하면 분위기가 좋아진다. 그러면 아이들은 이야깃거리가 많아져서 더 적극적으로 대화에 참여했다. 내가 아이들과 정신적 끈을 이을 수 있었던 것은 오로지 대화였다.

　20년간 독서 논술 교사를 하면서 엄마들에게 가장 많이 들었던 질문은 "어떻게 하면 아이들과 대화가 잘 돼요?"이다. 내가 엄마들에게 학생들과 대화한 것과 내 아이들을 키우면서 대화한 것들을 얘기해 주면 도움이 된다는 말을 많이 들었다.

　엄마들의 고민은 다양했지만, 핵심은 하나였다. 아이와 잘 지내는 것이다. 엄마들이 아이와 대화가 잘되지 않아 고민하는 것을 보면 안타까웠다. 그래서 아이와 잘 지낼 방법을 몰라 힘들어하는 엄마들에게 힘이 되어 주고 싶었다. 그리고 엄마들의 고민이 혼자만의 고민이 아니라는 것을 이 책의 다양한 예시를 통해 알려주고 싶었다.

　내가 만나는 사람들이 주로 엄마들이어서 책에서는 아이 양육자를 '엄마'로 정했다. 책에서 말하는 '엄마'는 아이를 양육하는 모든 '어른'을 뜻한다. 책에 소개한 예시들은 실제 나의 경험담이고 나오는 인물들은 가명임을 밝혀둔다.

이 책은 모두 5장으로 구성했다.

1장 [아이와 어떻게 대화해야 할까요?] 에서는 많은 엄마가 고민하는 얘기를 다루었다.

2장 [대화의 걸림돌, 아이와 멀어지는 엄마의 모습] 에서는 엄마 역할의 중요함을 알리고 싶은 마음으로 적었다.

3장 [대화의 마중물, 아이 안의 거인을 알아보기] 에서는 엄마가 아이의 잠재능력, 재능을 알아봤으면 하는 마음으로 글을 썼다.

4장 [대화의 기술, 관계가 좋아지는 대화] 에서는 엄마들에게 도움이 되었던 대화 중심으로 이야기를 풀어봤다.

5장 [아이들과 대화를 하는 엄마가 되기까지] 에서는 싱글맘으로 힘든 상황이었지만, 내 생각이 변하게 된 과정을 적었다.

얼마 전 친구들과 아이 키운 이야기를 했다. 아이들이 어릴 때는 서로 비교하고 자신들 기준에 맞춰 키우려고 하면서 다툼도 많았는데 이제는 크고 나니 아이를 인정하는 대화를 많이 못 한 것이 아쉽다고 했다.

　엄마들이 아이를 키울 때 아쉬움이 없을 수는 없다. 하지만 '아이와 어떻게 하면 잘 지낼 수 있을까?'라는 고민 자체만으로도 소통을 위한 시작이라 생각한다. 아이의 성향을 인정하고 아이의 마음을 알아주는 대화는 아이에게 자신감을 주고 스스로 자신의 길을 찾아가게 한다.

　모든 아이에게 똑같은 대화법이 적용될 수는 없을 것이다. 대화법은 엄마의 교육관, 아이의 성향과 상황에 따라 달라질 수 있다. 그럼에도 불구하고 이 책을 읽은 한 사람만이라도 고민을 덜 기회가 되었으면 한다.

　마지막으로 책이 나오는 데 많은 힘을 준 나의 아들들인 지웅, 지혁에게 정말 고맙다. 그리고 나를 항상 격려해주시는 부모님, 동생들, 올케들이 있어 세상을 살 수 있었고 책이 나올 수 있도록 도와줘서 감사의 말을 전하고 싶다. 언제나 나에게 아낌없이 응원해 준 친구들, 지인들에게도 항상 고맙고 이 책을 읽는 엄마들에게도 감사의 마음을 전하고 싶다.

2020년 5월 고 경 희

contents

추천서	3
프롤로그	9

1. 아이와 어떻게 대화해야 할까요?

게임만 하는 아이	20
내성적인 아이	26
공부 얘기만 하면 짜증 내는 아이	33
학교 가기 싫어하는 아이	40
거짓말하는 아이	45
시험 걱정이 많은 아이	50
학년이 올라갈수록 성적이 안 나오는 아이	56

2. 대화의 걸림돌, 아이와 멀어지는 엄마의 모습

아이의 장점을 보지 않는 엄마	62
아이의 성적만을 중요시하는 엄마	68
아이를 옆집 아이와 비교하는 엄마	75
아이를 존중하지 않는 말투를 가진 엄마	81
화가 나면 아이에게 "집 나가"하는 엄마	86
아이 인성에 관심을 두지 않는 엄마	91
아이의 '대학 입시'가 최고로 중요한 엄마	96

3. 대화의 마중물, 아이 안의 거인을 알아보기

아이 안의 창의 거인	104
독서로 임계점을 넘어선 아이 안의 거인	111
감사 노트로 고3을 견딘 아이 안의 거인	118
수학 트라우마를 극복한 아이 안의 거인	124
스스로 공부법을 만든 아이 안의 거인	130
느리지만 목표를 향해 가는 아이 안의 거인	136
산만한 아이 안의 집중 거인	142

4. 대화의 기술, 관계가 좋아지는 대화

아이가 선택하게 하기	150
아이의 의견 물어보기	157
아이 감정을 표현하게 하기	163
그냥 들어주기	170
아이 결정 존중하기	177
과정을 칭찬하기	184
피드백하기	190

5. 아이들과 대화를 하는 엄마가 되기까지

나는 싱글맘이 되었다	198
책 읽기로 마음의 안정을 찾다	204
책 읽기로 생각하는 방법을 바꾸다	210

에필로그	216

내 아이 마음을 사로잡는 대화법

고경희 지음

1

아이와 어떻게 대화해야 할까요?

게임만 하는 아이

※ 엄마들은 아이 행동에 반응하는 것과 칭찬에 인색하다. 아이가 하는 행동이 당연할지라도 칭찬하면 아이는 좋아서 우쭐해진다.

얼마 전에 PC방으로 달려가는 태준(중1)이를 보았다. 왜 PC방에 가냐고 물으니 친구들이 거기에 있기 때문이라고 하면서 "엄마한테 말하지 마세요"라고 했다. 친구를 만나려면 PC방으로 가야 하는 태준, 주말에 게임을 위해 아침 6시에 일어나는 영훈(중1)이도 있다. 학원 가기 전 시간이 남아서 친구를 만나기 위해 PC방으로 달려가는 태준이와 게임을 위해 아침 6시에 일어나는 영훈이는 잘못한 것일까?

친구를 만나려고 PC방에 갔던 태준이는 잘못하지 않았다. 학원 시간에 맞추기 위해 PC방에서 시간을 보내다가 학원에 갔다면 오히려 책임감 있는 학생이다. 책임감 있는 행동은 칭찬받아야 할 일이다.

태준이가 PC방에 간 것이 학원 시간을 맞추기 위한 책임감으로 칭찬을 받는다면 "엄마한테 말하지 마세요"가 아니라 "엄마, 나 PC방에 갔다가 학원 갔어요"라고 말할 것이다. 만약 엄마가 "너는 왜 시간만 남으면 게임이니!"라고 질책하면 태준이는 게임 때문에 혼나는 아이가 되는 것이다. 아이들은 게임 때문에 혼나고 게임을 부정적으로 생각하는 엄마들로 인해 자신의 생활을 숨기게 된다.

게임 때문에 아침 6시에 일어나는 영훈이도 엄마한테 잔소리를 들을 것이다. "너는 게임할 때만 일찍 일어나니?" 대신에 "너는 하고 싶은 일이 있을 땐 일찍 일어나는 능력도 있네. 마음만 먹으면 무엇이든 잘하겠다"라고 했다면 "그러게요. 저도 이렇게 일찍 일어날 수 있다는 걸 알았어요"라고 아이는 대답할 것이다. 이렇게 아이는 엄마와 긍정적인 대화로 자신이 잘 할 수 있는 것을 발견할 수 있다. 하지만 게임으로 혼나면 아이가 배울 수 있는 것은 아마 '다음엔 엄마 몰래 해야지' 정도일 것이다.

"너는 마마보이냐? PC방 갈 때마다 엄마한테 전화로 물어보게?"

"엄마한테 말해도 게임 때문에 싸우지 않는데 왜 숨겨야 하는데?"

큰애가 PC방 갈 때 친구들과 한 얘기이다. 나는 게임을 좋아하지 않지만, 아이들이 처음 PC방 갈 때 같이 갔다. 아이들에게 너희가 하려는 게임에 엄마도 관심이 있다는 것을 보여주려는 의도였다. 나는 아이들이 게임을 한 후 이렇게 이야기했다.

"요즘은 어떤 게임이 제일 재미있니? 너는 어떤 게임을 좋아하니? 네가 하는 게임이 재미있는 이유는 뭐니? 오늘 게임에서 아쉬운 것은 뭐니? 게임 전략은 세웠니? 어떻게 하면 더 잘 될 것 같아?" 그러자 아이들은 신나서 이야기했다.
아이들이 게임을 한 후 엄마와 이야기를 나누면 게임에 대한 자신들의 태도를 생각해 볼 수 있는 기회를 얻게 된다. 아이들이 즐기는 것에 엄마가 관심을 가지면 아이들도 인정받는 느낌이 들고 스스로 조절할 힘이 생길 것이다.
나는 아이가 게임을 끝내야 할 시간을 지킬 때 그 아이의 자기조절능력을 칭찬한다. "자기조절능력이 좋은 사람은 성공한다더라. 너한테는 성공의 씨앗이 있나 보다"라고 하면서 아이의 자존감을 높여줬다. 그래서인지 아이들과 게임으로 다툼을 한 적이 없다. 오히려 내가 먼저 아이템을 사주겠다고 하면 아이들은 "아직은 필요하지 않아요. 나중에 필요하면 말할게요"라고 하면서 자기 자신을 조절했다.

나는 친구에게 아이들의 게임에 대해 말한 적이 있다

"나는 아이들이 게임 끝낼 시간을 지키면 약속 잘 지킨다고 칭찬해."
"약속했으면 지키는 게 당연한 거 아니니?"
"물론 약속은 지켜야지. 하지만 아이가 재미있게 놀다가 시간에 맞춰 게임을 마무리하는 것은 힘들다고 생각해. 그리고 아이는 당연히 해야 하는 것보다 뭐든지 전부 노력해야만 할 수 있는 거 같아."

엄마들은 아이 행동에 반응하는 것과 칭찬에 인색하다. 아이가 하는 행동이 당연할지라도 칭찬하면 아이는 좋아서 우쭐해진다. 아이는 게임보다 자신의 행동에 관심을 두는 엄마한테 고마움을 느끼고 자기를 믿어주는 그 한 사람이 엄마라는 것에 자랑스러워한다.

그러니 엄마는 게임에 과민반응하지 말고 아이의 자존감을 키워주는 대화를 많이 해야 한다. 아이가 몰래 게임을 하다가 들켰을 때 "엄마가 하지 말랬지?"라고 하면 아이는 "네"라고 대답하면서도 마음속으론 '하지 말라니까 더 하고 싶네'라고 생각할 것이다. "게임을 엄마 몰래 하는 것도 얼마나 재미있는데요. 누가 하지 말라고 한다고 안 하나요? 몰래 다 해요"라고 말한 학생들이 생각난다.

가정에서 게임에 대한 문제는 어떻게 풀어나가면 될까? 아이들을 이해하기 위해 환갑의 나이에 '배틀그라운드'를 시작했다는 대구 부모교육연구소 김상도 소장은 '이해'를 강조했다. <게임메카>

진혁(중3)이는 게임을 아주 좋아했다. 그래서 게임 때문에 엄마한테 많이 혼났다. 화가 난 엄마는 게임을 금지하고 진혁이는 게임을 하면 엄마와 싸울 것 같아서 게임을 하지 않았다. 그런데 며칠 후 진혁이 엄마는 컴퓨터로 할 수 있는 일이 무엇인지 알아보자고 하면서 진혁이와 얘기할 시간을 마련했다.

진혁이는 어릴 때 자신이 컴퓨터 구조에 관심이 많았던 것을 떠올리고 컴퓨터 프로그램에 대해 알고 싶다고 했다. 결국, 진혁이는 게임으로 시작했지만, 프로그램을 공부하는 계기가 되었다. 컴퓨터 프로그램을 공부하던 중 진혁이는 컴퓨터 관련 고등학교가 있는 것을 알게 되었다. 설명회에 참석하여 학교 분위기와 수업 방향이 자신의 목표와 맞는지 알아보았다. 그 후 진혁이는 몇 개월 동안 고등학교 시험을 준비한 후 합격했다.

　진혁이는 처음에 게임 생각이 많아서 프로그램 공부하는 것이 힘들었다고 했다. 그러나 프로그램을 공부하면서 게임을 하는 자신을 스스로 조절했다. 진혁이가 게임을 하고 싶은 마음을 조절하면서 프로그램에 집중 할 수 있었던 것은 엄마의 관심과 대화였다고 한다.

　아이에게 무작정 게임을 하지 말라고 할 것이 아니라 대화를 통해 아이가 할 일을 정하고 게임을 하게 해야 한다. 아이는 처음에 자신이 할 일을 스스로 정하는 것에 어려움을 느낄 수 있다. 따라서 대화를 통해 아이가 좋아하는 것이 무엇인지, 하고 싶은 것이 무엇인지, 게임을 하지 않을 때 할 수 있는 일들을 찾게 방향을 제시해주는 것이 좋다.

내성적인 아이

✳ 엄마가 아이를 있는 그대로 인정하면 아이는 자신감이 생긴다. 아이가 자신의 기질과 성향에 맞게 지내는 것이 진짜 잘 지내는 것이다.

"선생님, 저희 아이가 내성적이라 집밖에서는 말을 잘 안 해서 걱정이에요."
"집에서는 말을 하고요?"
"네, 밖에서만 말을 잘 안 해요."
"집에서는 말을 잘하고 밖에서만 안 하는 건 아이가 밖에서 말할 필요성이 없어서 그럴 수도 있는 것 같아요."
"어휴~ 애들이랑 놀 때 조용히 말하는 거 보면 답답해요."
"그래도 아이가 잘하는 것이 있을 거예요."
"잘하는 것도 없는 것 같아요. 주희(중1)에게 밖에 나갔을 때 말 좀 하라고 매일 잔소리하게 돼요."

 엄마와 만난 후 주희와 수업하면서 이야기를 나누었다.
 "주희야, 대답 잘하네?"
 "아니에요, 잘못해요."
 "왜 그렇게 생각해?"
 "엄마나 선생님하고는 어렵지 않은데 밖에서 다른 어른과 있으면 얘기를 잘 안 하게 돼요."
 "왜?"
 "부끄러워서요."
 "어른들 앞에서는 누구나 다 부끄럽지. 그건 당연한 거야. 너를 볼 때마다 선생님 어릴 때 생각이 난다. 선생님은 너보다 더 말을 안 했거든."
 "정말요?"
 "그럼, 지금은 선생님이라 말을 잘한다고 생각하지? 주희가 어른이 되면 선생님보다 더 말을 잘할 것 같아. 수업할 때 모르는 것은 주저하지 않고 질문하고 발표도 잘하잖아."

 주희는 내가 어릴 때 자기보다 더 말을 안 했다는 것에 놀란 눈치였다. 주희는 자기만 부끄러워하는 것이 아니라는 생각에 편안해진 얼굴이다. 그리고 자신과 동일시하면서 내가 자기와 감정을 공유한 것을 기뻐했다. 그 뒤로도 주희의 장점을 찾아서 계속 칭찬을 했다.

내가 안타까운 것은 주희 엄마는 주희가 말을 안 하는 이유를 잘 모르는 것이다. 주희는 내성적인 것이 아니라 부끄러운 것이다. 내성적인 것과 부끄러운 것은 다르다. 내성적인 성격은 혼자 있는 것을 즐기는 성격이어서 그 성향을 인정하면서 감정에 공감해 주는 대화가 중요하다. 부끄러운 것은 다른 사람과 있을 때 불편한 것이다. 만약 주희가 엄마에게 부끄러워서 말을 안 한다고 얘기하면 혼낼 것이 아니라 주희를 인정하고 장점을 얘기하면 좋겠다는 생각이 들어 주희 엄마와 이야기했다.

"어머님, 주희가 활발해지기 바라시면 주희가 가진 활발한 행동을 칭찬하세요. 아이들은 칭찬받은 행동을 더 하려고 하거든요. 활발한 행동을 한 번이라도 한다면 칭찬해 주세요. 칭찬을 반복하면 주희는 분명 달라질 겁니다."
"제가 주희에게 칭찬을 자주 안 해서 힘들 것 같지만 노력할게요."

부끄러운 것은 극복할 수 있다. 스키너가 말한 정적 강화가 바람직한 자극을 제공함으로써 그 행동의 발생 빈도를 증가시킨다고 한 것처럼 주희 엄마는 그 뒤로 주희가 활발한 행동을 할 때마다 칭찬을 아끼지 않았다. 주희는 엄마의 계속된 칭찬으로 점차 부끄러움을 극복하게 되었다.

엄마들은 "우리 아이는 칭찬해 주면 잘해요"라면서 내가 학생들에게 칭찬을 많이 해주길 바란다. 하지만 정작 엄마들은 아이가 원하는 칭찬을 잘 안 하는 경우가 많다. 사실 엄마들이 아이를 칭찬하지 않는 것은 아이에게 기대하는 것이 크기 때문이다. 다른 아이가 내성적이라고 하면 조용해서 좋다고 하지만 내 아이가 내성적이면 답답하다고 고치길 바라는 것이 그 증거다.

하지만 엄마가 원하는 방향으로 강조하거나 마음에 안 든다고 아이 앞에서 "어휴, 너는 도대체 왜 그러는 거니?"라고 하면 아이는 엄마한테 인정받지 못한다고 생각해서 자신을 부정적으로 바라보게 된다. 자신을 부정적으로 바라보는 아이는 커가면서 자신감이 없어지고 자존감도 낮아지게 된다.

나는 주희를 볼 때마다 나의 어린 시절이 생각났다. 나는 유치원 때부터 말이 없었다. 유치원 선생님, 초등학교 담임선생님, 중학교 담임선생님께서 어머니에게 "어머님, 경희가 전혀 말을 안 해요"라고 하면 어머니는 나에게 "엄마는 네가 말을 했으면 좋겠지만 말은 네가 필요하면 하겠지. 대신 너는 끈기가 있어서 좋다"라고 하셨다. 그래서 나는 말을 안 하는 것이 그다지 심각한 문제라는 생각을 안 했다. 오히려 '나는 끈기가 있는 아이구나', '나는 괜찮은 아이구나'라는 장점만 생각하게 됐다. 그때 어머니가 만일 "너는 왜 그렇게 말을 안 하니?"라고 혼냈다면 나는 기죽어서 말을 더 안 하거나 반항심으로 말을 안 했을 것이다. 나는 조용하고 내성적인 성격이었지만 수줍은 성격은 아니었다. 오히려 학교생활에서 학생회 활동을 할 만큼 적극적이었다.

〈사실, 내성적인 사람입니다〉의 남인숙 작가는 우리나라 사람 80%가 내성적인 사람이라고 한다. 많은 연예인이 카메라가 꺼지면 조용해지는 내성적 성격을 가졌다는 것이다. 운동선수 중에 박지성 역시 축구 경기를 할 때는 넓은 그라운드를 종횡무진 내달리지만, 평소엔 내성적 성격이라고 한다.

내성적 사람의 장점

1. 경청을 잘한다.
2. 깊은 인간관계를 유지한다(1:1 인간관계).
3. 영업을 잘한다(요구를 파악하여 고객 맞춤 서비스를 잘한다).

4. 말을 할 때 양보다 질을 추구한다.

5. 혼자 몰입 상태로 오래 일하는 능력이 있다.

6. 독서를 많이 한다.

7. 생각도 많고 창의력이 잘 발달하여 창조, 생산을 잘한다.

8. 창업을 잘한다.

9. 인생 전략을 잘 짠다.

10. 자기관찰, 반성을 잘한다.

〈유튜브〉 코치 알렉스

내성적인 사람의 수가 많고, 장점이 많은데 내성적인 사람을 있는 그대로 받아들이지 않고 왜 부정적으로 보는 것일까? 내성적, 외향적인 성격은 타고난 것이기 때문에 고칠 수 있는 것이 아니라 그냥 받아들여야 한다. 엄마들은 아이의 내성적 성향을 단점으로 생각하여 마음에 들지 않는다며 고치려 한다. 엄마들이 아이의 성향을 고치려 할수록 아이는 자신이 인정받지 못한다고 생각하게 된다.

엄마는 아이의 성향과 기질을 바탕으로 저능이 잘 드러날 수 있도록 조언하는 조력자이다. 엄마가 아이를 있는 그대로 인정하면 아이는 자신감이 생긴다. 아이가 자신의 기질과 성향에 맞게 지내는 것이 진짜 잘 지내는 것이다. 오늘 자기 그릇에 맞게 자기 성향대로 잘 지내준 아이를 격려하면 어떨까?

공부 얘기만 하면
짜증 내는 아이

✳
엄마들은 아이에게 최선을 다한다고 한다.
하지만 엄마가 주는 마음은 아이가 받고
싶은 마음이 아닐 수 있다.

큰애가 고1 때다. 아이가 고등학교에 진학하니 아이 공부에 대한 나의 관심이 커졌다. 큰애가 중학교 때까지만 해도 나는 너그러운 엄마였다. 아이와 대화로 모든 것을 해결하는 엄마였다. 하지만 모범적인 엄마로서의 나의 능력은 딱 아이가 중학교까지였다.

"야자 끝나고 집에 와서 1시간 정도 공부하고 자면 안 되니? 그리고 시간도 아낄 겸 버스 타고 다녀라. 왜 매일 걸어서 오니?"

"야자 끝나고 머리 식힐 겸 걸어오는 거예요. 걸어오는 시간도 30분 정도인데 걸어오면서 머리 식히는 것도 안 돼요?"

큰애가 고등학생이 되니 공부에 대한 나의 관심은 간섭으로 바뀌었다. 어느 날 학교에서 걸어왔다고 잔소리하는 나의 말을 멍한 상태로 듣는 큰애의 얼굴을 보았다. 아이의 복잡한 얼굴을 본 순간 나는 말을 멈추었다. 입시에 떠밀려 나는 아이를 괴롭히는 엄마가 되어 가고 있었다. 나는 힘들어하는 아이를 데리고 기분 전환 겸 카페로 갔다. 아이는 카페 의자에 털썩 앉았다.

"엄마, 하고 싶은 말 다 하세요."
"하고 싶은 말 없어. 그동안 너와 말다툼하면서 너의 옆얼굴만 봤는데 오늘은 너의 얼굴을 바로 보고 싶어서 나온 거야."
"그럼 이왕 나왔으니까, 제가 하고 싶은 말을 할게요. 엄마가 공부 때문에 신경 쓰는 거 알아요. 근데 그거 아세요? 고등학교 가니까 학교에서도 맨날 선생님들이 공부 얘기만 해요. 집에서만이라도 공부 얘기 안 하면 안 될까요? 그리고 제가 왜 걸어 다니는지 한 번도 안 물어보셨죠? 엄마는 맨날 시간 아깝다고만 하잖아요. 저도 시간 아까워요. 그래도 한 번쯤 제 마음을 물어봐야 하는 거 아닐까요? 저 솔직히요, 요즘 공부보다 마음이 더 힘들어요. 아빠 얘기하는 친구들이 부러워요. 중학교 때 친구들이 아빠 없는 놈이라고 해도 웃을 수 있었어요. 하지만 요즘은 뭔지 모르지만, 마음이 허전해요. 공부하려고 책을 보면 아빠 얼굴이 떠올라요. 아빠가 보고 싶은 건지, 아빠의 정이 그리운 건지, 아빠의 빈자리를 느끼는 건지 저도 모르겠지만 공부가 안 돼요."

"그런 마음이었으면 진작 말하지. 네가 말을 안 하는데 엄마가 어떻게 아니? 그래도 지금이라도 말해줘서 고맙다. 엄마가 도와줄 거는 없니?"

"오늘처럼 얘기할 시간을 갖는 게 도와주는 거예요. 엄마한테 말하면서 저도 생각을 정리하고 좋아요. 어쩔 수 없는 상황은 제가 이겨내겠죠."

큰애와 얘기한 날 나는 반성했다. 큰애가 나보다 더 큰 어른이 되어 있었다. 큰애가 초등학교 4학년 때 아빠와 더는 같이 살지 않는 것을 알고 공허하다고 할 때 나는 매일 아이와 이야기하려고 공원이나 카페를 찾았었다. 아이와 갈등이 커질 시기에 카페에 순순히 따라온 것은 아이도 나의 의도를 짐작하고 얘기하려 했던 것 같다. 나는 아이와 집밖에서 얘기를 많이 했다. 밖에서 얘기하면 집에서보다 덜 감정적으로 얘기할 수 있어서였다.

그동안 나는 아이의 마음도 모르고 공부만 강요했던 나쁜 엄마였다. 큰애와 얘기한 시간이 없었더라면 내 고집만 강요한 엄마로 남았을 것이다. 내가 공부 얘기를 할 때마다 언짢은 표정을 짓던 아이 탓만 했는데 아이의 좋지 않은 표정은 알고 보니 내 탓이었다. 며칠이 지난 후 큰애는 말했다.

"엄마, 저 이제 공부할 수 있을 거 같아요. 학교 선생님이 한 얘기인데요. 저한테 하는 얘기 같아서 마음이 편해졌어요. 선생님께서는 '너희들 중에 집안이 힘든 사람이 있을 것이다. 집안이 힘든 것을 너희가 해결하려고 해도 어차피 지금은 해결 안 될 거다. 그러나 해결하는 방법은 있다. 너희가 성인이 되면 해결된다. 지금 너희에게 주어진 상황은 공부하는 것이다. 공부하다 보면 시간이 흘러 다 해결될 것이다. 집안일로 고민 있는 친구들은 고민 그만해라. 나도 학창 시절에 힘들었는데 성인이 되니까 다 해결되더라' 이렇게 말해줬어요. 어차피 제가 고민한다고 해도 해결 안 될 것들은 고민하지 않으려고요. 그래도 잔소리 안 하고 기다려 줘서 고맙습니다."

큰애는 오래간만에 웃음을 보였다. 큰애는 공부하라는 말보다 자신의 상황과 마음을 이해해 줄 사람이 필요했던 것이었다. 아들이어서 그런지 내가 채워주지 못하는 아빠의 빈자리가 있었을 것이다. 큰애는 아빠에게 들을 이야기를 선생님께 들은 기분이어서 위로를 받은 것 같았다.

사랑해 달라고 요구하고 강요하는 사람은 더 싫어지고 매력 없듯이 공부하라고 강요하면 공부하기가 더 싫어지는 법이다. 〈문제는 항상 부모에게 있다〉 서광 스님

"공부하라고 하는 것은 자기를 위한 것인데 왜 짜증 내는지 모르겠어요"라고 엄마들은 말한다. 아이의 짜증을 탓하기 전에 아이가 왜 짜증 내는지 알아야 한다. 공부하려고 하는데 공부할 상황이 안 되는지, 아이가 힘든 것이 무엇인지, 공부보다 다른 것에 관심이 있는지 물어봐야 한다. 엄마들은 아이에게 최선을 다한다고 한다. 하지만 엄마가 주는 마음은 아이가 받고 싶은 마음이 아닐 수 있다. 아이가 받고 싶은 마음을 받았을 때 엄마는 최선을 다한 것이다.

아이가 어릴 때는 엄마가 공부하라면 한다. 하지만 학년이 올라갈수록 강요받는 공부를 얼마나 할까? 엄마들이 아이에게 공부하라고 하는 것은 아이가 잘되라고 하는 말이다.

하지만 아이들은 "공부해라"는 말이 자기를 위해 하는 조언이라고 생각할까? 잔소리라고 생각할까? 당연히 잔소리라고 생각한다.

조언은 도움을 주는 말이다. 그러나 잔소리는 필요 이상으로 듣기 싫게 꾸짖거나 참견하는 것이다. 엄마의 "공부해라"라는 말은 반복적으로 하는 말이어서 아이들은 잔소리라고 생각한다.

"엄마가 공부하라고 하면 왜 싫어하니?"
"공부해야 하는 건 저희도 알아요. 우리가 알고 있는 당연한 말을 하잖아요. 그냥 믿어주면 안 되나요?"

이 말은 내가 공부에 관해 물어본 질문에 학생들이 대답한 말이다. 엄마가 공부하라는 소리를 많이 해서 오히려 엄마 앞에서 공부 안 하는 학생, 엄마한테 수업 잘하는 거 말하면 더 많은 것을 기대한다고 하면서 엄마에게 말하지 말라는 학생의 얘기를 들으면 안타깝다. 엄마들이 아이 마음보다 공부에만 관심을 두어서 아이들은 점점 자신의 모습을 숨기고 있다는 생각이 든다.

김영아는 〈십 대라는 이름의 외계인〉에서 "자신의 능력은 요것밖에 안 되는데, 부모나 선생님이 정해주는 목표치는 높기만 하다. 그들은 망연자실해서 지레 겁을 먹고 포기하고 말 것이다. 어차피 해봤자 안 되는 거, 하면서. 그래서 공부는 힘든 것, 어려운 거, 애당초 달성이 불가능한 것이라고 인식하기 일쑤다"라고 한다. 공부 얘기에 짜증 내는 아이는 화를 내는 것이 아니라 공부가 힘들다고 하는 행동이다. 마음이 힘들면 다독여 주고 학습이 힘들면 학습에 도움을 줄 수 있는 방법을 찾으면 된다. 공부를 잘하고 싶지 않은 아이는 없다. 아이에게 엄마의 '공부해라' 소리보다 아이의 마음 소리에 귀 기울여 보자.

학교 가기 싫어하는 아이

✱ 엄마는 아이가 힘들어하는 것을 들어줄
수 있어야 한다. 아이는 자신의 이야기를
들어주는 것만으로도 힘을 얻는다.

막 고등학교 1학년에 들어선 작은애가 어느 날 할 얘기가 있다고 했다. 표정이 평소와 달리 좀 어두워서 걱정되었다.

"엄마, 나 학교 안 다니면 안 되겠죠?"
"왜? 네가 선택해서 간 학교인데 무슨 일 있는 거니?"
"학교는 공부만 하는 분위기이고 정해진 시간대로 움직여서 싫어요."
"그럼 학교가 공부하고 정해진 시간대로 해야지. 단체 생활인데 너무 자유로우면 질서가 없지 않을까?"

"오늘 학교 안 가고 싶은데 그래도 돼요? 오늘만 쉬면서 생각 좀 해 볼게요."
"그럼 오늘은 학교 쉬고 두 시간만 엄마한테 양보할래?"

작은애와 드라이브 했다. 아이는 학교 분위기가 자신이 생각했던 것과 다르다고 했다. 아이가 다니는 특성화고는 실업계 고등학교였다. 자신이 고집부려서 갔는데도 학교생활이 힘들다고 했다. 그동안 학교 갈 때 웃으면서 가려고 노력했다는 것이다.

나는 아이의 말을 듣고 "그래서 내가 반대했잖아! 네가 엄마 말 안 들으니까 그러는 거 아니냐? 그냥 다녀. 이제 와서 어쩌겠냐!"라고 혼내면서 나의 마음속 얘기를 했다면 시원했을 것이다. 하지만 아이가 자신의 문제를 해결하는 방법을 모른 채 지나갈 것 같아서 내 마음을 추스르고 상황을 정리했다.

"혁이야, 네가 생각했던 학교와 달라서 힘들었구나. 엄마는 네가 밝게 학교에 다녀서 잘 적응하고 있는 줄 알았어. 그동안 잘해보려고 노력했구나. 그래도 네가 노력했다는 것이 중요한 거야. 지금은 네가 마음이 지쳐서 학교가 싫어진 것인지, 정말 학교가 싫어서 다니기 싫은 것인지 한 번 생각해봤으면 좋겠어. 생각해 봤는데도 학교 가기 싫다면 그때 가서 방법을 찾아 보자. 그리고 엄마한테 말해줘서 고맙다. 지금 이 상황에서 네가 잘한 것이 무엇인지 아니? 첫째, 차분하게 엄마하고 얘기하는 것, 둘째, 엄마가 드라이브 가자고 하니까 같이 나온 거야."

나는 아이와 이야기한 후 혼자 생각할 시간을 갖게 했다. 다음 날 아침 작은애는 자신의 마음을 이해해줘서 고맙다고 했다. 그리고 "한 번 노력해 볼게요. 파이팅!" 한 후 웃으면서 학교로 갔다. 웃는 아이를 보면서 안심이 되었지만, 한편으론 걱정이 되었다. '진짜 학교에 안 가겠다고 하면 어떻게 하지? 학교에 안 가면 어떻게 생활하게 할까?'라는 생각으로 불안했다.

요즘 친구 문제, 학업 문제 등의 이유로 학교 가는 것을 힘들어하는 학생들이 있다. 얼마 전에 학교 가기 싫다는 미연(고1)이를 만나 얘기한 적이 있다. 미연이는 자신이 힘든 것을 엄마한테 말하면 싸움이 돼서 마음을 표현하지 않는다고 했다. 이야기할 사람이 없어 답답할 때는 위 클래스(Wee class, 청소년 상담실)에서 상담받는다고 한다.

미연이에게 상담을 받으니 어떠냐고 했더니, 자신의 편이 생겼다는 생각이 들어 좋다고 했다. 미연이는 '내 편'과 '자신의 말을 들어줄 사람'이 필요한 것이었다. 학교 가기 싫다는 것은 미연이의 생활이 힘들다는 것이다. 엄마는 아이가 힘들어하는 것을 들어줄 수 있어야 한다. 아이는 자신의 이야기를 들어주는 것만으로도 힘을 얻는다.

경미(중1)도 학교 가기 싫어하는 학생이었다. 경미는 재미있게 잘 다니던 학교가 갑자기 가기 싫어졌다면서 힘들다고 울었다. 나는 경미하고 시간을 가졌다.

"학교를 재미있게 다니는 것 같던데 갑자기 학교가 싫어졌구나? 이유가 있니?"
"이유 없어요. 그냥 가기 싫어요."
"성격이 활발한 네가 갑자기 학교 가기 싫다면 뭔가 이유가 있을 것 같은데? 친구 문제니? 공부 때문이니?"
"몰라요. 이유를 말하면 저 설득시킬 거잖아요."
"설득시키려고 얘기하는 게 아니야. 나는 네가 학교에 안 가려는 이유가 정말 궁금한 거야. 너는 활발하니까 친구 문제는 아닌 것 같고 공부 문제니?"
"네. 학년이 올라가니까 공부가 어려워지고, 엄마가 자꾸 공부하라고 해서 학교 가기 싫은 거예요."

경미는 자신의 마음을 솔직하게 엄마에게 말해도 엄마 뜻대로 해야 한다는 것을 알고 있었다. 그래서 나와 얘기할 때

쉽게 마음속 얘기를 하지 않았다. 경미는 학년이 올라갈수록 공부해야 할 것이 계속 생기는 데다 엄마가 계속 공부 얘기만 해서 힘들다고 했다.

경미 엄마에게 경미의 마음을 전하니 당분간 공부 얘기를 안 하는 것으로 이야기가 잘 마무리됐다. 경미는 자신의 마음을 솔직하게 이야기함으로써 좋은 결과를 경험하게 돼서 마음속 이야기를 더 잘하게 되었다.

철인 3종 경기의 김지환 선수는 국제 시합을 할 때 많은 외국인 선수들에게 쏟아지는 영어 응원 속에서 한국말 응원이 나올 때 힘이 나고 감동한다고 했다. 〈유퀴즈〉

아이들이 학교에 안 가겠다고 할 때는 마음이 힘든 것인지 한 번 살펴봐야 한다. 아이가 조금이라도 엄마에게 힘들다는 반응을 보일 때 엄마는 그냥 지나치지 말아야 한다.

세상은 힘이 되는 한 사람만 있어도 살맛 난다. 아이가 학교 다닐 맛이 나게 힘이 되어 줄 사람이 엄마라면 아이는 세상을 다 가진 기분이 들 것이다. 아이에게는 언제나 학교에서 돌아와 충전할 수 있는 집이 엄마다. 오늘도 힘내고 학교 가는 아이의 등을 토닥토닥 두드리며 응원을 해주자.

거짓말하는 아이

✱ 아이가 거짓말한다고 혼내기 전에 엄마는
아이의 마음을 얼마나 이해하는지 먼저
생각해 보자. 아이는 자신의 마음을 이해해
주는 사람에게는 숨길 것이 없다.

작은애가 고등학교에 진학 후 많이 힘들어했다. 어느 날 담임선생님의 전화를 받았다.

"혁이 어머님이세요? 이 녀석이 아프다고 거짓말하는 것 같은데 어떻게 할까요?"
"선생님, 혁이는 거짓말 안 합니다. 혁이가 아프다고 하면 진짜 아픈 거예요. 아까 아프다고 전화 와서 제가 지금 데리러 학교로 가고 있습니다."
"그러세요? 그럼 보내겠습니다."

작은애 편을 들었지만, 학교 가는 내내 생각을 했다. '많이 아픈 거 아니면 그냥 학교에 좀 있지. 엄마 바쁜데 너 데리러 와야겠니?'라고 하고 싶었다. 하지만 나는 작은애가 고민이 많아서 아프다고 핑계 댄 것을 알고 있었다. 아이는 마음이 아픈 것이다. 차에 탄 아이와 대화를 했다.

"엄마, 죄송해요. 학교에 있을 수 없어서 아프다고 거짓말을 한 거예요. 선생님께 잘 말해줘서 고마워요."
"너는 거짓말한 거 아니야. 너 고민하느라 마음이 아프잖아. 자식, 그래도 엄마한테는 솔직하게 말해줘서 고맙다. 무슨 일이 있든 엄마는 네 편이니까. 아무리 안 좋은 일이 생겨도 엄마한테 먼저 말해줘."

작은애는 그 후로 마음이 힘들 때마다 선생님께 아프다고 거짓말하고 조퇴를 했다. 나는 그때마다 마음이 아픈 아이를 데리고 공원에 가서 음료수를 마시거나 산책하면서 아이와 얘기를 했다.

나는 작은애에게 "네가 선생님께 하는 거짓말은 마음이 아파서 너를 보호하려고 하는 것으로 알고 있어. 너의 아픈 마음이 나으면 그런 거짓말은 안 할 거야. 하지만 너를 보호하려고 하는 거짓말이 다른 사람이 볼 때 옳지 않다고 생각하면 네 행동은 옳지 않은 거야"라고 얘기해 줬다.

사람들이 배가 고프면 이성적 판단이 흐려지는 것처럼 아이도 마음이 고프면 이성적 판단이 흐려진다. 하지만 아이가 마음의 안정을 찾으면 거짓말을 더는 하지 않게 된다. 우선 아이의 마음을 편안하게 하는 것이 먼저다.

작은애는 점차 마음의 안정을 찾아갔다. 그리고 얼마 후 "엄마, 그동안 감사했어요. 엄마가 저를 안 믿어줬다면 저는 계속 방황하거나 학교 다니지 못했을 것 같아요. 제가 아주 어릴 때 거짓말한 적이 있는데 그때도 엄마는 이해해 주셨잖아요. 그 기억이 나요"라고 하면서 오랜만에 밝은 얼굴을 보여줬다.

작은애가 초등학교 2학년 때였다. 나는 아이가 하루 공부할 분량을 숙제로 내고 저녁에 검사했다. 하루는 문제집을 채점하니까 아이가 100점을 받은 것이었다. 물론 아이 실력이 아니었다. 나는 혼을 낼까 말까 고민하다가 그래도 아는 척은 해야겠다고 생각해서 아이를 불렀다.

"혁이야, 문제 열심히 풀었네? 엄마에게 칭찬받으려고 열심히 했구나? 그런데 모르는 거는 답지 봤니?"
"아니에요. 엄마는 저를 믿지 못해요?"
"너를 믿지 못하는 것이 아니야. 이 문제는 진짜 어려운 건데 잘 풀었네? 그럼 한 번 설명해 볼래?"

"문제 풀 때는 생각났는데 지금은 생각 안 나요."

"그래? 문제 풀 때는 생각났구나. 하나를 맞아도 맞은 문제를 네가 잘 알기만 하면 되는 거야. 그리고 오늘 숙제 다 하려고 노력해서 책임감 있네."

나는 아이에게 답지를 봤는지 더는 묻지 않았다. 아이는 답지를 베끼긴 했지만 나한테 칭찬받기 원했을 것이고 답지 베낀 것이 들킬까 봐 조마조마했을 것이다. 두 가지 마음으로 숙제 검사를 받았다고 생각하니 아이를 안심시킬 수밖에 없었다. 아이는 얼마 지나지 않아 "답지 보고 풀었어요"라고 얘기했다. 나는 솔직하게 말해줘서 고맙다고 오히려 아이를 칭찬해 줬다.

작은애는 나의 관심과 사랑을 받고 싶어서 거짓말을 했다. 나는 칭찬받고 싶었던 아이 마음을 무시하고 거짓말했다고 혼내면 소심해질 수 있다는 생각이 들었다. 아이가 왜 거짓말을 했는지 그 마음을 이해했던 것이다.

얼마 전에 은희(중3) 엄마한테서 전화가 왔다. 은희가 학원을 가지 않았는데 학원 갔다고 엄마에게 거짓말하고 학원 선생님한테는 아프다고 거짓말한 후 학원을 안 갔다고 한다. 은희 엄마는 은희의 거짓말이 점점 늘어난다고 하면서 속상해했다.

은희는 내게 그동안 있었던 일을 이야기했다. 친구 때문에 속상해서 울었지만, 다행히 친구와의 문제는 잘 해결됐다고 한다. 은희는 엄마에게 고민을 얘기하고 싶은데 엄마가 고민을 들어주지 않고 자신의 말을 믿어주지 않아 거짓말하게 된 것이다. 그래도 자신의 마음을 가장 많이 알아주는 어른은 학원 선생님들이라고 했다. 하지만 친구와 문제가 있던 날은 학원 갈 힘이 없어 거짓말했다는 것이다.

은희 엄마와 통화하면서 은희를 믿어주라고 했다. 다행히 은희 엄마는 아이를 믿지 못했던 부분을 인정했다. 은희가 집에 오면 말을 전혀 안 해서 답답한 마음에 무작정 다그친 것이 거짓말을 하게 만든 것 같다며 은희와 얘기를 잘해보겠고 하고 전화를 끊었다.

아이가 거짓말을 한다고 혼내기 전에 엄마는 아이의 마음을 얼마나 이해하는지 먼저 생각해 보자. 아이는 자신의 마음을 이해해 주는 사람에게는 숨길 것이 없다. 법륜스님의 '희망 세상 만들기' 강의에서 거짓말하고 싶어서 거짓말하는 아이는 없다. 아이들은 자신에게 불이익이 될까 봐 거짓말하는 거라고 했다. 자신의 마음을 이해해 주면 아이는 그동안 숨겨뒀던 이야기까지도 하게 될 것이다.

시험 걱정이 많은 아이

✻ 엄마는 아이가 시험 불안에 관해 얘기할 때 불안한 마음을 인정해 줘야 한다. 시험 불안을 더는 방법 중 첫 번째는 엄마가 아이의 마음을 인정하는 것이다.

외출 준비를 하던 어느 날 진희(고1) 엄마 전화를 받았다. 진희가 시험을 보던 중에 몸이 아파 병원에 갔다며 어떻게 해야 할지 모르겠다고 속상해했다. 진희는 중간고사 1교시 시험은 봤지만 2교시부터는 지독한 불안함 때문에 힘들어서 시험을 보지 못했다는 것이다. 진희가 지금 병원에 있는데 내가 병원으로 왔으면 좋겠다고 했다. 진희는 평소에 시험 불안이 많은 학생이었다. 나는 걱정되는 마음에 병원으로 향했다. 진희는 나를 보더니 씩 웃었다. 학생의 웃는 얼굴을 보니 조금 안심이 되었다.

"진희야, 너 참, 용기 있는 아이구나?"
"네?"
"시험 보다가 나왔잖아. 1교시만 보고 나올 수 있는 것도 용기 아니니?"
"그렇게 생각하니까 그러네요. 그런데 저 1교시 국어는 잘 봤어요. 1교시 국어에 집중해서 문제를 풀고 나니까 힘이 빠지고 더는 시험 볼 에너지가 없었어요."
"이번 일로 자신을 파악하는 것도 좋은 기회야. 그럼 다음 시험에는 네가 가진 에너지를 잘 나누면 되겠네?"
"에너지 나눠 쓰기, 좋은 생각이네요."

진희는 나와 대화한 후 자신의 행동을 돌아볼 기회가 됐다고 했다. '시험포기' 사건으로 '나는 이것만은 하지 말아야지'라는 생각을 하게 되었다는 것이다. 그 후 진희는 시험에 대처하는 자신만의 방법을 찾아 다시 도중에 시험을 포기하는 일이 없어졌다.

학생들의 시험 불안에 대한 증세는 다양하다. 배가 아픈 학생, 머리카락이 빠지는 학생, 소화불량이 되는 학생, 자리에 앉지 못하는 학생, 가슴이 답답해지는 학생, 화장실을 들락날락하는 학생 등 여러 증상이 나타난다. 엄마는 아이가 시험 불안에 관해 얘기할 때 불안한 마음을 인정해 줘야 한다. 시험 불안을 더는 방법 중 첫 번째는 엄마가 아이의 마음을 인정하는 것이다.

시험을 볼 때 엄마가 "걱정하지 마"라고 하는 말은 아이를 안심시키는 것이 아니라 더 큰 부담감으로 다가온다. 왜냐하면, 아이는 걱정 안 하는 방법을 모르기 때문이다. 아이에게 격려의 말을 할 때는 부정적인 단어보다 긍정적인 말이 효과적이다.

아이가 시험 때문에 걱정한다면 "네가 공부한 내용만 정확히 풀려고 해 봐", "네가 어려우면 모두 어려운 거야", "시험 장소에 있는 친구들은 모두 너와 같은 마음이야", "너는 지금도 잘하고 있는 거야", "시험 보기 전에 눈감고 심호흡해 봐" 등의 얘기를 해주면 아이는 자신의 부정적인 감정을 잘 다스릴 것이다.

아주 쉬운 실험 하나 해 봅시다. 우선 지금 눈을 감은 채 다른 어떤 생각은 모두 해도 좋으니 흰곰만은 절대 생각하지 말아 봐요. 1분쯤 그렇게 해봐요. 어때요? 흰곰이 눈앞에서 자꾸 어른거리지 않나요? 이처럼 생각은 억누를수록 더욱 솟아오른답니다. 〈흔들리지 않는 공부 멘탈 만들기〉 김상운

"선생님, 저는 시험 볼 때 1교시만 지나면 괜찮은데 1교시에

너무 긴장해서 손에서 땀이 나요."

"1교시만 불안하니? 그럼 2교시부터는 좋아지는 거네? 그런데 너만큼 불안해하는 애들이 정말 많아. 시험 보는 내내 긴장하는 학생도 있더라."

"진짜요?"

"1교시 시험 보기 전 불안할 때와 2교시 편할 때의 마음을 기억하니?"

"아니요."

"1교시 시험 보기 전에 마음을 편히 가져야지 하면 어떤 것이 편한 것인지 잘 모르잖아?"

"그렇죠."

"네가 2교시부터는 마음이 편하다고 했지? 1교시 시험 보기 전에 잠깐이라도 2교시 편했을 때 마음을 가져보면 어떨까? 네가 알고 있는 편안함을 1교시에 한 번 적용해 봐. 처음부터 많이 하려 하지 말고 조금씩 해 봐. 그러면서 차츰 시간을 늘리는 거야. 처음에는 쉽지 않겠지만 하다 보면 늘겠지? 그럼 '네가 아는 편안함'이 힘이 될 수도 있을 것 같아."

학생들은 시험 불안에 대해 고민이 많다. 학생들에게 시험 불안이 생기는 이유는 잘하고 싶은 마음이 크기 때문이다. 잘하고 싶은데 잘 안 될 때, 잘하고 싶은데 방법을 모를 때다. 그

때 엄마가 아이의 손을 한 번 잡아주거나 잘하고 있다고 하면서 격려해주면 힘이 된다.

작은애는 중학교 때 주짓수를 했다. 주짓수 시합을 처음 나가는 날 많이 긴장했다. 나는 아이가 시합 가는 날 아침에 심호흡을 하게 했다. 눈을 감고 시합장에 있는 모습을 떠올린 후 원하는 모습을 그리면서 느끼는 기분을 생각하게 했다. 그러면서 아이가 느낀 기분이 긍정적인지 부정적인지 물어본 후 긍정적인 기분이라고 해서 그 기분으로 자신에게 집중하게 했다. 작은애는 시합 가는 날 아침에 자신에게 집중하는 시간을 갖고 마음이 편해졌다. 그 후로도 시합 갈 때마다 아침에 자신에게 집중하는 시간을 가졌다.

나는 작은애가 시합 갈 때마다 하는 두 가지 준비가 있는데 그중 하나는 '시합에 나갈 때는 모두 불안하다. 시합은 경기 실력을 발휘하는 것이지만 자기를 테스트하는 곳이기도 하다. 이번 시합에서 내가 할 수 있는 마음 관리는 이 정도구나, 이 정도에서 나의 실력을 발휘해야지'라는 생각을 하도록 했다.

다음은 마음을 들여다보는 공부를 하게 했다. 마음공부를 하니 작은애는 주변 환경보다 자신에게 더욱 집중하게 되었다. 자신의 마음에 집중하면서 시합으로 인한 불안감을 인정하고 불안을 객관적으로 바라볼 수 있게 되었다. 시험도 마찬

가지이다. 시험 보기 전에 자신을 객관적으로 바라보면 불안을 줄일 수 있다.

　엄마가 아이의 시험 불안을 인정해 주고 격려해주면 아이는 안정감이 들 것이다. 자신을 믿어주는 사람이 엄마라면 아이는 힘이 생긴다. 평소에 최선을 다하고 있다는 응원의 말을 해주면 아이는 불안을 극복할 수 있는 에너지를 만들어나갈 것이다.

학년이 올라갈수록 성적이 안 나오는 아이

✱ 아이들은 자신의 공부법을 찾을 수 있는 경험, 자신과 경쟁할 수 있는 경험, 생각해 볼 수 있는 경험을 가지면 좋다. 그렇게 다양한 경험으로 공부의 힘이 생길 수 있다.

"제가 중학교까지는 성적이 잘 나왔는데요. 고등학교 가면서 성적이 잘 안 나왔어요. 그래서 요즘 공부가 힘들고 하기 싫어졌어요."

"중학교까지는 공부 잘했는데 갑자기 고등학교에서 성적이 떨어진 이유가 있니?"

"엄마 때문이에요."

"뭐라고? 공부 얘기하는데 엄마 얘기는 왜 하니?"

"엄마가 중학교까지는 제 공부를 관리해 주셨어요. 그런데 고등학교 진학하니까 제가 알아서 하래요. 이제까지 혼자 한

적이 없는데 어떻게 혼자 해요? 고등학교 1학년인 지금은 혼자 하는 공부법을 알아내려고 여러 가지 방법을 시도하다 보니 성적이 내려갔어요. 아직도 공부 방법을 잘 모르지만 2학년 될 때쯤은 공부 방법을 알 것 같은데 엄마는 자꾸 성적 이야기만 해서 공부할 생각이 안 나요. 그동안 엄마와 공부하면서 공부계획표까지 엄마가 혼자서 다 작성했어요. 공부계획표 작성할 때 저와 같이 의논하면서 했으면 제가 지금 많이 힘들지 않았겠죠."

 학년이 올라갈수록 성적이 고민인 혜미(고1)의 이야기를 듣다 보니 선배의 이야기가 떠올랐다. 선배는 아이가 고2 때까지 중간고사 끝나는 날 바로 책상 정리를 하고 기말고사 공부를 할 수 있도록 준비했다고 한다. 하지만 아이가 고3이 되면서 공부에 개입하는 선배와 자주 다투다 보니 아이는 공부에 소홀하게 됐다며 속상해했다. 그리고 아이와 사이가 안 좋아진 후에야 공부에 많이 개입한 것을 후회했다.
 두 이야기의 공통점은 엄마가 아이 공부에 지나치게 개입했다는 것이다. 결국, 공부 주체는 아이가 아니라 엄마였다. 엄마가 하라는 대로만 했던 아이는 학년이 올라갈수록 공부에 혼란을 느낄 수 있다.
 엄마들이 아이 공부에 적극적으로 개입하는 시기는 초등

학생 때다. 초등학생 때는 엄마의 학습 개입으로 공부를 잘할 가능성이 있다. 하지만 학년이 높아질수록 엄마들은 개입할 수 없다. 고등학생이 되면 공부에 대한 엄마의 관심은 최대가 되지만 개입할 수 있는 범위를 넘어섰기 때문에 개입하고 싶어도 개입할 수 없다. 어릴 때 성적 위주의 공부가 아니라 과정 위주의 공부와 실수를 통해 자신만의 공부법을 알아간다면 아이는 학년이 올라갈수록 자신에게 맞는 공부법을 찾을 것이다.

어릴 때부터 계속 잘하기만 했던 아이들은 공부 목표치가 있기에 자신의 목표에 도달하지 못하거나 조금만 자신이 없어도 공부에 스트레스를 많이 받는다. 아이들이 공부하면서 실패를 경험해 볼 수 있는 기회를 가지면 자신의 부족한 부분을 채워갈 수 있다. 공부는 자신의 부족한 부분을 채워가는 것이다. 하지만 엄마들은 아이의 성적에만 신경을 쓴 나머지 아이가 공부 과정을 생각할 틈을 주지 않는다.

공부 잘하는 아이로 키우려면 '공부 근력'을 키워줘야 한다. '공부 근력'은 효과적인 노력을 해야 하고, 효과적인 노력은 생각하면서 노력하는 것이다. 생각하는 학습법은 시간이 오래 걸린다. 하지만 반복하면 시간이 짧아진다. 이런 반복 학습으로 '공부 근력'을 키

울 수 있다. 공부를 잘하려면 생각하면서 공부해야 한다. 〈슬기로운 부모 생활〉 유튜브

자기주도 학습으로 원하는 대학에 들어간 혁주가 있었다. 혁주(21세)의 자기주도 학습법은 공부 시간 확보와 반복 공부, 생각하는 공부를 비결로 두었다. 처음에 공부할 땐 자세하게 공부하는 것이다. 처음에 자세히 공부하면 시간이 오래 걸리지만 반복하다 보면 나중에는 점차 속도가 빨라진다는 것이다. 또 공부하면서 생각을 하는 것이다. 그러다 보면 원리를 깨닫게 되어 오래 기억이 된다고 했다. 이 학생은 지금 대학교 2학년이 된 나의 조카다.

엄마들은 아이가 자기주도 학습하는 것을 바란다. 하지만 아이가 자기 주도적으로 학습할 때까지 기다리지 못한다. 시간이 오래 걸리는 공부는 불안해한다. 자기주도 학습이 되려면 엄마의 개입을 최소화하고 아이가 스스로 하면서 공부 독립이 되어야 한다. 그리고 아이가 공부 독립이 될 수 있도록 엄마는 기다려야 한다. 자기주도 학습은 <u>스스로 할 수 있는 힘</u>을 키워야 할 수 있다.

큰애는 나에게 공부는 자신의 영역이기 때문에 "엄마가 개입하면 안 돼요. 엄마가 공부에 관해 얘기할 때 제가 모르는

것을 얘기하면 조언이 되지만, 아는 것을 얘기하면 잔소리에요"라며 나의 개입을 원치 않았다.

그래서 큰애에게 "요즘 힘든 거는 없니?", "학교생활은 괜찮니?" "동아리 활동은 할 만해?" "스트레스는 어떻게 해소하니?" 등 공부와 관련 없는 것들을 물어보면서 대화를 했다.

나는 학교에서 성적표가 와도 보지 않고 "오늘 성적표 왔더라"라고 말하기만 했다. 큰애는 알아서 자신의 성적에 관해 얘기하고 앞으로 어떻게 할 것인지 나와 의논했다. 나는 말로만 "공부는 너의 몫이야"하는 것보다 성적에 대한 압박을 주지 않는 행동으로 큰애가 자신의 공부에 책임감을 가지게 했다.

아이들은 자신의 공부법을 찾을 수 있는 경험, 자신과 경쟁할 수 있는 경험, 생각해 볼 수 있는 경험을 가지면 좋다. 그렇게 다양한 경험으로 공부의 힘이 생길 수 있다. "교육은 백년대계(百年大計)"라는 말이 있다. 즉 교육에는 장기적인 안목이 중요하다는 뜻이다. 아이가 "공부는 제가 알아서 할게요"라고 했을 때 아이의 '공부 독립'을 믿어주자. 엄마의 믿음 속에서 아이는 자신의 방법을 찾으면서 더 단단해질 것이다.

2

대화의 걸림돌,
아이와 멀어지는 엄마의 모습

아이의 장점을
보지 않는 엄마

＊ 엄마는 아이에게 가능성을 제시하고
자신감을 줘야 한다. 노력하고 최선을
다하는 자세도 아이의 장점이다.

내가 독서 논술 강의할 때 이야기다. 하루는 학생들에게 자신의 장점을 열 개만 적어보라고 했다. 그랬더니 학생들이 "열 개는 너무 많아요"라고 해서 일곱 개만 적으라고 했지만, 그 정도도 쓸 것이 없다고 했다.

"선생님, 저는 장점이 없는데요?"
"뭐?"
"그럼 단점 열 개를 적어보자."
"그건 쓸 수 있어요. 열 개 더 써도 돼요?"

"단점이 그렇게 많아?"

아이들은 웃으면서 단점을 종이에 채워갔다. 옆 친구 것을 보면서 "너도 그것이 단점이니? 나하고 똑같네", "난 단점이 그 정도 많지 않다"라고 하면서 깔깔대며 웃었다.

"너희들은 단점이 왜 그렇게 많니? 전부 너희들이 생각하는 단점이니?"
"엄마가 맨날 하는 말인데요."
"그럼 이번엔 장점을 써 보자."
"장점은 없어요."
"장점은 너희들이 행동하는 모든 것에 있을 수 있어. 교실에 들어올 때 선생님께 인사한 거 장점, 바닥에 떨어진 휴지를 휴지통에 버린 거 장점, 필기도구를 책상 위에 꺼내 놓고 수업 준비하는 거 장점, 책 읽고 난 후 책꽂이에 책 정리하는 거 장점, 어때 장점들 많지?"
"그건 당연한 행동 아니에요?"
"당연한 행동을 안 하는 사람도 많잖아. 그리고 당연한 것도 장점이 될 수 있어."
"진짜죠? 그럼 장점 열 개도 더 쓸 수 있어요."

아이들은 장점을 쓰고 난 후 자신에게 좋은 점이 많다는 것을 알게 되고, 당연히 해야 하는 것도 좋은 점이라는 것에 기뻐했다. 자신에게 좋은 점이 많은 것을 처음 알았다는 아이도 있었다. 이렇게 아이들의 장점 찾기는 아이들을 기쁘게 한 수업이었다.

아이들은 공부 잘하는 것, 상 탄 것 등 좋은 결과를 만든 것이 장점이라고 생각했다. 그래서 좋은 결과를 만들어 내지 못한 아이들은 장점이 없고 자신은 매일 엄마한테 혼만 나는 아이로 알고 있었다. 아이들은 칭찬보다는 지적받는 것에 익숙해진 나머지 장점이 단점에 가려져 장점 쓰기를 어려워했던 것이다.

"선생님, 오늘 아이가 글쓰기 한 것에 맞춤법이 두 개 정도 틀린 거 있던데요. 아이에게 맞춤법을 고치게 안 하나요? 오늘 글 잘 썼다고 칭찬하셨다는데 틀린 것도 있는데 칭찬하면 안 되지 않나요? 저는 글 잘 쓴 것을 알았지만 일부러 칭찬 안 했어요."

"초등학생은 맞춤법을 강요하지 않아요. 그리고 진수(초4)가 글쓰기에 대한 두려움이 많아서 일단 쓰라고 한 겁니다. 오늘은 진수가 기쁘게 글을 많이 써서 뿌듯해하는데 맞춤법 틀린 것을 고치라고 하면 글쓰기가 싫어질 것 같아 말하지 않은 겁니다."

몇 년 전에 맞춤법에 관해 물어봤던 진수 엄마는 맞춤법에 대해 다시는 이야기 하지 않았다. 맞춤법에 관해 이야기하지 않자 진수의 글쓰기 실력이 많이 좋아지고 글 쓰는 것을 재미있어했다.

맞춤법에 대해서는 엄마들이 많은 문의를 한다. 맞춤법을 바로 지적하지 않으면 맞춤법을 고치지 못할 것으로 생각하는 것이다. 그래서 아이에게 틀린 글자를 자주 지적하는 경우가 많다. 틀린 글을 자주 지적당했을 때 고쳐지는 일도 있지만 글쓰기를 두려워하는 경우도 생길 수 있다.

엄마들은 아이에게 잘한 것보다 잘못한 것을 말하는 경우가 많다. 엄마는 아이가 고쳤으면 하는 의도로 말한 것이지만 아이는 자신이 인정받지 못한다고 생각해서 자신감이 없어지고 자신이 못났다고 생각할 수 있다.

아이는 엄마가 칭찬하면 잘하는 것, 혼내면 못하는 것으로 생각한다. 아이는 엄마의 말에 따라 자신을 평가하고 자신의 능력을 가늠한다. 엄마는 아이에게 가능성을 제시하고 자신감을 줘야 한다. 노력하고 최선을 다하는 자세도 아이의 장점이다.

보통 PD들은 실수하는 신인들에게 윽박지르거나 호통을 친다. 나는 조인성을 신인으로 캐스팅했으나 미래의 정우성이 될 수 있기에 스타 대접을 해줬다. 조인성 자신이 스스로 스타라고 생각하고 그에 걸맞은 행동을 하도록 도운 것이다. <유튜브> 김민식

서희(중3)는 집에 들어오면서 엄마에게 "엄마, 제가 너무 피곤해서요. 오늘은 아무것도 안 하고 쉴게요"라고 했다. 그랬더니 "네가 뭘 했다고 피곤하니? 오늘 학원도 가야하고 할 일이 많은데 쉴 시간이 있겠니? 숙제 안 했으면 숙제나 빨리해라"라는 엄마의 말에 힘이 빠졌다. 이날 서희는 자신을 인정해 주지 않는 엄마의 말에 마음이 무너져서 결국 몸까지 아팠다.

"쉴게요"라고 하는 서희에게 엄마가 "그동안 너무 열심히 했나 보다. 푹 쉬어. 네가 피곤할 때 쉬어야겠다고 생각하는 것은 자기관리를 잘하는 거야"라고 했다면 서희도 마음 편히 쉬고 '나는 나를 관리 잘하는 아이구나'라는 생각을 하면서 자신의 장점을 찾았을 것이다.

장점, 단점은 주관적이다. 아이의 행동 중 엄마가 마음에 들면 장점이 되고 엄마가 싫으면 단점이 된다. 엄마가 아이의 장점을 키워주기 위해서는 주관적으로 아이를 판단하지 말고 객관적으로 아이의 행동을 살펴봐야 한다.

현재 모습이 부족해 보여도 아이가 조금이라도 잘하는 것들을 찾아서 칭찬해 주면 아이의 장점이 될 수 있다. 아이는 자신에게 장점이 많다는 것을 알면 자존감이 높아질 것이다. 아이의 장점은 엄마가 말하는 것에 따라 달라진다. 오늘 아이의 장점이 무엇인지 생각해 보는 것은 어떨까?

아이의 성적만을 중요시하는 엄마

✱ 아이가 학교 생활하는 동안에 평가는 항상 있을 것이다. 공부 못한다고 주눅 들어 다른 생활에 지장이 있어서는 안 된다.

"엉 엉~"
"선생님, 친구가 왜 울고 있는지 알아요?"
"왜 우는데?"
"집에 가면 시험점수 때문에 엄마한테 혼날까 봐요."
"시험 못 봤니?"
"아니요. 저보다 잘 봤어요. 전 80점인데 엄마가 혼내지 않지만, 친구는 95점 이상 안 되면 엄마가 혼내요."

몇 년 전 학교 독서 논술 강의할 때 만난 초등학생에 관한 이야기이다. 학생은 엄마한테 혼날 수도 있고, 혼나지 않을 수도 있다. 학생의 예상과 달리 엄마에게 칭찬을 받았다면 아이는 자신의 인생에서 반전을 경험한 것이다. 그리고 아이의 반전 경험은 자존감 통장에 자존감을 저금하는 것이 될 것이고 만약 아이가 생각한 대로 엄마에게 혼이 났다견 어릴 때 마이너스 통장을 갖게 되는 것이다. 그리고 그 마이너스 통장으로 아이의 자존감엔 구멍이 생긴다.

초등학생 때 성적 때문에 혼나는 아이들은 "엄마, 다음에는 더 잘할게요"라고 하면서 말 잘 듣는 아이가 된다. 하지만 사춘기가 되면 어릴 때 혼났던 경험이 앙금이 되어 터진다. 그럴 때 엄마는 행동으로 표현하는 사춘기 아이가 변했다고 말한다. 하지만 사춘기 아이는 변한 것이 아니다. 아이는 자신이 느끼는 것을 표현할 힘이 생긴 것이다.

점수에 지적을 당했던 아이는 못 하면 못한 대로 자신을 믿지 못하고 잘해도 자신의 점수에 만족하지 못하여 불안해한다. 아이가 어릴수록 성적보다 아이가 중요하다는 표현을 자주 해주면 자신에 대한 믿음이 생긴다. "80점 받아도 혼나지 않아요"라고 해맑게 웃을 수 있는 학생은 엄마를 든든한 사람으로 생각할 것이다.

요즘은 초등학교에 시험이 없다. 시험이 없는 것에 대해서 엄마들 의견은 반반이다. 시험을 안 봐서 아이가 시험 스트레스 없어서 좋다고 하는 엄마들이 있는 반면에, 그래도 시험으로 평가가 있어야 아이 수준이 어느 정도인지 알 거 아니냐는 엄마들도 있다. 다 맞는 말이다. 시험을 보지 않는 것도 아이를 위한 것이고 시험을 보는 것도 아이를 위한 것이다.

초등학생 때는 실컷 놀아야 한다. 실컷 놀아야 학년이 올라갈 때 공부하려는 마음이 생긴다. 초등학생 때 공부에 많은 힘을 빼면 정작 공부해야 할 때는 지친다. 아이의 에너지는 조금씩 축적해서 필요할 때 아이가 쓸 수 있도록 해야 한다.

공부를 잘하는 희주(고1)의 이야기이다. 엄마는 공부를 잘하는 희주를 위해 헬리콥터 맘이 됐다. 희주는 말만 하면 모든 것이 이루어졌다. 그런데 갑자기 엄마가 집안을 신경 쓰지 못할 상황이 생겨 희주 스스로 생활해야 하는 환경에 처해졌다. 희주는 공부만 하면 되는 생활을 해 오다가 갑자기 집안일을 해야 하는 상황을 받아들이지 못했다. "왜 내가 집안일을 해야 해? 나는 아무것도 안 하고 공부만 할 거야"라고 하면서 화를 냈다고 한다.

엄마는 아이의 반응에 놀라 자신이 지내 온 생활에 눈물을 흘렸다. 아이를 위한 엄마의 생활이 엄마와 아이 모두를 힘들게 한 상황이 되고 만 것이다. 물론 공부를 잘하는 학생들이 전부 이런 행동을 하는 것은 아니다. 하지만 공부만 하면 다 된다는 엄마의 생각은 공부 이외의 소중한 것을 잃게 되는 상황을 초래할 수도 있다. '공부만 잘하면 다른 것은 안 해도 된다'는 것은 아이가 아무것도 할 수 없게 만드는 것이다.

김미경은 〈엄마의 자존감 공부〉에서 "인생의 만 가지 문제를 풀어내는 최고의 기초 과목인 자존감은 감히 국·영·수에 비할 게 아니다. 국·영·수를 잘하면 대학만 잘 가지만, 자존감 높은 아이는 그 힘으로 무엇이든 해낼 수 있다"라고 했다. 아이가 세상을 담을 수 있는 그릇을 만들 자존감이 커지면 공부는 따라온다. 공부는 아이가 품을 세상 안에 있어야 한다.

한글을 잘 모르는 상태에서 작은애는 입학했다. 1학년 때 받아쓰기는 당연히 빵점이었다. 그것도 빗금 열 개의 빵점이 아니라 빗금 한 개의 빵점이다. 선생님은 아이가 많이 틀리니까 빗금 열 개를 안 긋고 10번까지 다 읽고 공책에 빗금 한 개를 그었다. 그것도 대각선 빗금을 공책 한가운데 하나로 말이다. 작은애가 빗금 하나만 있는 빵점 공책을 처음 갖고 온 날 중학교 국어 선생님인 지인의 얘기가 생각났다.

선생님의 아들도 한글을 모르고 학교에 갔다. 처음 받아쓰기 한 날 빗금 한 개짜리 빵점 공책을 갖고 왔다고 했다. 빗금 한 개는 공책을 대각선으로 가로지르는 빨간색이었다고 했다. 그 빗금을 보는 순간 자신의 가슴에 뭔가 내리꽂히는 기분이 들었다고 했다.

그날부터 아이를 잡으면서 받아쓰기를 시키는 자신을 발견했다고 했다. 어차피 시간이 지나면 알게 될 글을 가지고 왜 그렇게 애를 잡았는지 모르겠다고 후회했다. 아이가 고학년이 되도록 빨간색 빗금은 자신이 국어 선생님이라는 것에 스크래치 당한 기분이었다는 것이다.

나도 지인과 똑같은 상황에 놓인 것이다. 나는 다행히 지인의 이야기로 이미 예방주사를 맞아서 빗금 때문에 속상하지 않았다. 아이는 이미 학교에서 자신의 공책이 다른 아이들과 다르다는 것을 경험했다.

받아쓰기 빵점 때문에 혼을 냈다면 작은애는 두 번 좌절했을 것이다. 친구와 다른 자신의 공책과 엄마에게 혼나서 무너지는 자신의 마음을 견뎌야 했을 것이다. 빵점 받은 것이 혼날 만큼 잘못한 것은 아니다. 빵점 받은 받아쓰기에서 숨겨진 재능을 찾아 아이의 가능성을 찾아주고 싶었다.

"혁이야, 정말 대단한데, 받아쓰기가 소리 나는 대로 쓰는 시험이면 100점인데 그치? 왜 소리 나는 대로 쓰는 받아쓰기는 없는 걸까? 그리고 10번까지 다 쓴 것도 끈기가 있다는 거야. 다른 아이 같으면 잘 모른다고 생각해서 10번까지 다 쓰지 못했을 건데 너는 10번까지 써 보려고 최선을 다했네! 엄마는 이게 중요하다고 생각해. 소리 나는 대로 포기하지 않고 끝까지 다 쓰면서 해 보려는 거"라고 하면서 아이를 안아줬다. 그날 작은애는 혼나지 않았고 자신이 잘하는 것도 있다는 것을 알게 됐다. 그 후 작은애는 가끔 동그라미 있는 받아쓰기 공책을 갖고 왔다.

어느 날 작은애 담임선생님이 나를 학교로 불렀다. 선생님은 작은애가 글 쓰는 것이 느려 수업에 지장이 있으니 학원을 보내라고 했다. 글 쓰는 속도가 느린 작은애를 신경 쓸 수 없다는 것이다.

교실을 나오면서 마음이 복잡해졌다. 선생님께 아이에 관한 이야기를 들으면서 속상하기보다 아이가 안타까웠다. 글 쓰는 것이 느려 학업을 못 따라가는 것보다 '선생님을 힘들게 하는 아이라는 시선을 어떻게 견딜까?'라는 생각이 들었다. 하루하루 아이가 아무 일 없이 지내 준 것만으로도 고맙게 생각하며 지냈는데 오늘 이 일을 겪고 보니 마음이 복잡해졌다.

교실 밖에 있던 작은애가 "엄마, 선생님이 뭐래요?"라며 내 손을 잡았다. "혁이가 학교생활 활발하게 잘한다고 칭찬하시던데"라고 말했다. 그 말을 들은 작은애는 너두 신나 했다. 나는 작은애의 웃음을 지켜주고 싶었다. '그래, 네가 무슨 잘못이 있니? 글은 천천히 알면 되는 거지. 학교 공부 따라가기 힘들었을 텐데 표현하지 않는 네가 더 대단한 거지'라고 생각하며 나는 작은애의 '방패'가 돼야겠다고 다짐했다.

나는 받아쓰기를 끝까지 해낸 아이의 가능성을 믿기로 했다. 작은애에 대해 믿는 구석이 생긴 나에게 아이의 받아쓰기 점수와 선생님의 말은 아무 문제가 되지 않았다. 그 뒤로 작은애는 받아쓰기와 글 쓰는 속도가 많이 향상됐다. 아이를 혼내지 않은 나의 안목은 꽤 괜찮았던 것 같다.

아이가 학교 생활하는 동안에 평가는 항상 있을 것이다. 공부 못한다고 주눅 들어 다른 생활에 지장이 있어서는 안 된다. 유아기에는 잠 잘 자고, 잘 먹고, 잘 놀고, 볼일 잘 보기만 해도 엄마들은 행복했다. 하지만 아이가 초등학교에 입학하면서부터 엄마들은 공부에 초점을 맞춘다. 엄마들이 공부로 초점이 옮겨지면 엄마와 아이는 불행하다. 불행의 원인은 엄마들의 욕심이다. 욕심을 내려놓고 아이를 바라보자. 엄마의 사랑을 먹고 자란 아이는 엄마가 생각하는 것보다 더 멋진 아이로 커갈 것이다.

아이를 옆집 아이와 비교하는 엄마

✳ 자신의 선택에 만족하든, 실패하든 그건 아이의 경험이다. 엄마는 아이가 어떤 상황이든 격려의 응원만 해주면 된다.

"선생님, 오늘 저 시험 잘 봐서 엄마가 먹고 싶은 거 다 사주신다고 했어요."

신나서 얘기하는 진혁(중1)이의 얼굴은 무척이나 즐거워 보였다. 하지만 얼마 지나지 않아 나를 만난 진혁이는 속상하다고 했다. 엄마가 "먹고 싶은 거 다 먹게 해줄게"라고 했는데 집에 들어온 엄마는 표정이 좋지 않고, 음식도 안 사준다고 했다는 것이다. 엄마는 처음에 진혁이가 시험 잘 본 것을 무척 기뻐했다.

그런데 집에 들어오는 길에 옆집 아이가 진혁이보다 시험을 더 잘 봤다는 것을 알게 되었다. 엄마는 진혁이가 옆집 아이보다 시험을 못 봐서 화가 났던 것이다. 나는 진혁이가 엄마에게 즐거움을 빼앗기고 절망감을 받은 것이 안타까웠다.

아이가 학년이 올라갈수록 엄마들은 옆집 아이 시험점수에 민감하다. 중간고사, 기말고사가 끝나는 날 톡 방은 시험 이야기로 시끄럽다. 시험 난이도, 아이들의 성적 등 시험이 단연 화제다. 시험 보느라 애쓴 아이는 엄마의 성적 잔소리로 쉬지도 못하고 아이 공부 성적표가 곧 엄마 인생 성적표인 양 기쁨과 슬픔을 함께한다.

아이가 좋은 성적이면 엄마 인생은 성공한 것처럼 보이고 아이가 나쁜 성적이면 엄마 인생은 실패한 것처럼 엄마 스스로 평가한다.

작은애가 특성화고에 진학했을 때 평소 알고 지낸 언니가 나에게 물어본 적이 있다. "아이가 특성화고 가도 기분 괜찮아?", "네? 제 기분이야 괜찮죠. 나쁠 필요가 없죠?"라고 대답하니까 그 언니는 당황해했다. 나는 언니의 말에 은근히 기분이 나빴다. 아이가 특성화고에 가면 내가 우울할 거라고 생각하는 걸까? 특성화고는 특정 분야의 인재와 전문 직업인 양성을 위한 특성화 교육과정을 운영하는 고등학교이다. 예전에는 실업계 고등학교였다.

나도 작은애가 특성화고를 간다고 했을 때 처음엔 반대하긴 했다. 공부에 대해선 잔소리를 안 하는 편이지만 공부 못하는 아이들이 가는 학교라는 생각이 강해서 특성화고 가는 것이 싫었다.

"왜 남들이 가는 대로 일반고를 가지 않니? 공부하기 힘들 것 같아서 특성화고 가려고 그러니?"
"내가 운동에 집중하고 싶어서 가는 건데 거기에 공부 얘기가 왜 나와요? 내가 정한 목표에 도전해보고 싶은데 엄마는 도전할 기회를 안 주세요? 공부로 인생을 살아갈 사람이 있고 다른 것으로 인생을 살아갈 사람이 있는 거죠. 왜 다 똑같이 공부해야 하는데요? 일반고에 간다고 해도 공부를 열심히 하면서 따라갈 자신도 없어요. 혹시 내가 특성화고 가는 게 창피한 거 아니에요? 엄마가 일반고 가라고 하면 갈게요. 이 얘기는 오늘 내로 끝내요. 그래야 저도 어떻게 할 건지 생각하죠."
"네가 그렇게 단호하게 얘기할 정도면 어떻게 할 건지 마음 굳힌 거네! 조금이라도 일반고 갈 마음이 없으면 가지 마. 어떤 선택을 하든 아쉬움은 있어. 엄마가 한 선택에서 아쉬움이 생기면 핑계와 원망이 생기고 네가 한 선택에 아쉬움이 있다면 깨달음이 생기겠지. 사실 엄마는 네가 일반고 가길 원해. 하지만 너한테 강요하고 싶지 않아. 엄마도 고민 많이 했는데

네 선택을 따를게."

　작은애가 자기 생각을 너무도 당당하게 얘기해서 "너는 도대체 뭐가 그리 당당하냐?"라고 말하고 싶었다. 하지만 내가 말을 더하면 다툼이 될 것 같아 참았다. 이날 작은애는 특성화고에 진학하기로 했다. 특성화고 진학 결정을 받아들이기 힘들었지만 어릴 때부터 작은애의 독특함을 알고 있었기 때문에 이제는 개성으로 인정하려고 마음먹었다.
　나는 작은애 학교 선택의 갈림길에서 남의 눈을 의식하는 엄마였다. "창피한 거 아니에요?"라는 작은애 말에 숨겨진 마음을 들키고 싶지 않아 당황하면서 부정했지만, 마음속에 있던 남의 시선을 떼어 버리니 마음이 한결 편해졌다.
　아이는 자신이 하고 싶은 일에 몰두하면 경험치를 갖게 된다. 아이는 노는 것이든, 자기가 좋아하는 것이든 몰입을 해봐야 한다. 몸으로 몰입의 깊이를 경험하면 몰입할 수 있는 자신의 능력치를 알게 된다. 땀 흘리고 난 후에 먹는 밥이 맛있듯이 몰입하고 난 후에 자신의 길을 찾으면 신날 것이다. 자신의 선택에 만족하든, 실패하든 그건 아이의 경험이다. 엄마는 아이가 어떤 상황이든 격려의 응원만 해주면 된다.
　나는 작은애가 선택한 학교와 주짓수 선수의 길을 적극적으로 응원했다. 작은애는 선수 생활을 하면서 자기관리를 잘

했다. 대회에 나가서 좋은 성적을 얻으며 친구들 사이에서 존재감이 드러나자 뿌듯해했다. 아이는 점점 적극적이고 주도적으로 변했다.

작은애가 긍정적으로 변하는 모습을 보면서 내가 만약 주변의 시선과 욕심으로 일반고를 보냈다면 어땠을까? 아마 아이는 에베레스트산만큼 높은 공부의 벽에 부딪혀 허덕이며 자신을 스스로 작아지게 만들었을 것이다. 아이는 자신이 선택한 산을 오르는 성공을 맛봤고 에베레스트산단큼 높은 인생의 산에 도전할 용기가 생겼다.

내가 엄마들에게 다른 아이와 비교하지 말고 아이를 믿으라고 하면 엄마들은 아이가 믿을 행동을 안 하는데 어떻게 믿느냐고 반문한다. 아이는 엄마에게 보고서를 써내듯이 "나의 이런 점을 믿어주세요"라고 하지 않는다.

아이는 자신의 재능을 모른다. 그나마 공부 잘하는 아이는 공부 잘하는 것으로 자신을 드러낸다. 엄마가 옆집 아이와 비교를 안 하려면 남의 시선을 이길 배짱이 있어야 한다. 아이에게 믿는 구석이 없어서가 아니라 남의 시선 때문에 엄마의 판단이 흔들리는 것이다. 옆집 아이와 비교하지 말고 아이가 가진 재능을 바라봐야 한다.

엄마들이 옆집 아이가 좋게 보이는 이유는 뭘까? 옆집 아이는 잘된 것만 보고 내 아이는 안 된 것만 보기 때문이다. 엄마는 옆집 아이의 기준이 아니라 내 아이의 재능을 믿고 가야 한다.

"저는 그날 이후 다짐을 했어요. '모든 아이는 저마다 다른 재능과 성향을 지니고 태어난다. 따라서 내 아이와 다른 아이들과의 학업성적 등을 가지고 절대로 비교하지 말자'라고 말입니다. 저는 다른 아이들과 내 아이를 비교함으로써 내 아이가 가진 특별한 보석을 놓치는 못난 엄마가 되고 싶지 않아요." 〈비교하는 엄마 기다리는 엄마〉 홍미경, 김태광 공저

아이의 믿음은 엄마가 찾는 것이다. 아이의 하루를 계산기 두드리듯 계산하지 말고 오늘 하루 잘 지내준 아이에게 고맙다고 생각하면 고마운 점만 보일 것이다. 아이의 모습에서 '어?, 아이한테 이런 좋은 면이 있나'라며 하나씩 발견하다 보면 아이의 좋은 점은 계속 보일 것이다. 아이의 믿는 구석은 옆집 아이와 비교해서 만드는 것이 아니라 엄마가 스스로 만드는 것이다. 엄마가 아이를 온전히 믿으면 아이는 자신의 틀을 벗어나 성장할 수 있게 된다.

아이를 존중하지 않는
말투를 가진 엄마

※ 아이가 어릴 때는 엄마가 감정대로 말하면 눈치를 보지만, 아이가 사춘기가 되면 엄마의 감정적인 말에 바로 반응을 한다. 사춘기 아이들에겐 엄마의 말투를 평가하여 표현할 수 있는 능력이 생겼기 때문이다.

"엄마, 동생이 울어요."
"왜?"
"엄마가 소리 질러서요."
"엄마는 소리 안 질렀는데?"
"엄마 말투가 화내는 톤이라서 혼내는 줄 알고 우는 거예요. 말투를 조금만 부드럽게 해주세요."

내가 방학 동안 조카를 데리고 살 때였다. 하루는 일정이 바빠서 아이들을 빨리 챙기려고 하다 보니 목소리가 높았던 모양이다. 조카는 톤이 높은 말투를 들어본 적이 없어서 나의 말투를 듣고 울었다. 조카가 우는 것을 보고 '내가 평소에 혼내는 말투인가?'라는 의문이 들어 큰애에게 물어봤다. 큰애는 내가 바쁠 때 가끔 화내는 말투가 된다고 했다.

올케는 항상 다정한 목소리다. 아이들을 혼낼 때는 방으로 데리고 들어가서 조용히 얘기했다. 나는 올케처럼 상냥하게 아이들에게 얘기하지 못한다. 그래서 아이들은 어릴 때 나에게 "엄마, 숙모처럼 말하면 안 돼요?"라는 말을 자주 했다. 나의 말투 때문에 가끔 아이들은 기분이 안 좋다고 얘기한 적도 있었다. 나는 아이들에게 도움을 청했다. "엄마의 말투가 화내는 말투로 변하면 싫잖아, 그때는 손만 들어줘"라고 말한 후 아이들이 손드는 것을 보면서 말투를 고치려고 노력했다.

"아침에 아이와 싸워서 학교 보내고 나니 마음이 아프네요. 제 말투가 항상 문제인 것 같아요. 말투를 고치려고 해도 자꾸 안 되고 아이가 학교 가고 나면 매일 후회해요. 아침에 머리 감고 말리고 있으면 학생이면 드라이는 대충하고 가! 학생이 무슨 거울 앞에서 30분이니! 멋 부리는 건 일등이야. 일등! 공부를 그렇게 해봐라!'라고 하면서 아침부터 혼내면 아이는 화나서 문을 '쾅' 닫고 밥도 안 먹고 학교에 가요."

"아이한테 화내는 이유가 뭐니? 밥 안 먹어서? 거울 앞에 오래 있어서? 학교 늦을까 봐서? 얘기할 때 말을 부드럽게 해 봐. 나도 말투 고치는 거 힘들었지만 노력하니까 많이 괜찮아 졌어. 아이 입장에서는 아침부터 엄마가 화내면서 말하면 기분 나쁘겠지."

"그러니까요. 제 말투가 문제에요. 다른 사람한테는 안 그러는 데 아이한테만 그러네요."

말투 때문에 아이와 아침부터 언쟁했다는 후배의 이야기이다. 그 후배는 아이와 몇 번 다툼이 있고 난 뒤 말투를 바꾸기 시작했다. 서로 힘들어져서 이대로 가다가는 도저히 안 되겠다고 생각했던 모양이다.

엄마들 대부분 밖에서 쓰는 말투와 아이에게 하는 말투가 다르다. 다른 사람에게는 감정대로 얘기하지 않지만, 아이에게는 감정대로 얘기하는 경우가 많다. 아이가 어릴 때는 엄마가 감정대로 말하면 눈치를 보지만, 아이가 사춘기가 되면 엄마의 감정적인 말에 바로 반응을 한다. 사춘기 아이들에겐 엄마의 말투를 평가하여 표현할 수 있는 능력이 생겼기 때문이다.

"오늘 엄마가 '야, 너 학원 안 가냐?' 해서 싸웠어요. 엄마의 말투가 기분 나쁘잖아요."

"네가 빨리 안 챙기니까 그렇게 말한 거 아니었니?"

"챙기고 있는데 그렇게 말하니까 꼭 시켜서 학원 가는 거 같잖아요? '학원 언제 갈 거니?', '학원 갈 시간 된 거 알고 있니?'라고 부드럽게 물어보는 말투로 하면 안 되나요?"

"그럼 엄마한테 네가 생각한 대로 '말투를 바꿔서 말해 주시면 안 돼요?'라고 해 봐. 선생님도 아들들이 얘기하니까 말투가 고쳐지더라."

"안 그래도 얘기해 봤어요. 뭐라 그런지 아세요? 너나 잘하래요. 웃기죠?"

옛날 어느 시골 장터에 '김돌쇠'라는 이름을 가진 백정이 고기를 팔고 있었다. 하루는 두 젊은 선비가 고기를 사러 왔다. 첫 번째 선비가 "어이~ 돌쇠야! 쇠고기 한 근만 팔 거라"며 한 근을 샀고, 또 다른 한 선비는 상대가 비록 천한 백정이나 나이 지긋한 사람에게 함부로 말하기 민망해 "김 서방, 나도 쇠고기 한 근만 주게나"라고 말하며 예의를 갖췄다. 그런데 참 이상한 일이었다. 똑같은 한 근인데 누가 봐도 첫 번째 젊은 선비에게 준 고기보다 두 번째 선비에게 준 고기가 곱절이나 될 만큼 분량이 많았다. 그것을 본 첫 번째 선비가 대뜸 큰소리로 "야, 이 백정 놈아, 왜 사람을 차별하느냐"며 따지자 푸줏간 주인이 웃으면서 말했다. "아~ 그거야 손님보고 차별하는 것이 아니라 고기를 판 사람이 다르기 때문이지요. 선비님에게 고기를 판 사람은 백정이었고, 저 선비님에게 고기를 판 사람은 김 서방이었으니 고기 분량이 다를 수밖에 없지요." 우리 속담에 "말 한마디가 천 냥 빚을 갚는다"라는 말이 있다. 살아가면서 말 한마디 한마디가 얼마나 중요한 것인가 하는 것을 새롭게 깨닫게 된다. 〈제주新보〉

　이 이야기처럼 엄마가 아이를 존중하는 말투로 다가가면 아이도 엄마를 존중하는 마음으로 다가올 것이다. 아이의 감정을 상하게 하는 엄마의 말투는 아이에게 갚아야 하는 빚이 생기는 것과 같다.

화가 나면 아이에게
"집 나가"하는 엄마

✱ 엄마가 아이 때문에 화난 일이 있으면 3초를
세고 얘기하라는 말이 있다. 엄마가 감정을
추스르고 아이와 얘기해야 다툼을 줄일 수
있다는 말이다.

"선생님, 저 지난주에 가출했어요."
"왜?"
"엄마와 다투다 엄마가 나가라고 해서 나갔죠?"
"뭐라고? 나가라고 한다고 진짜 나가니? 지금은 괜찮아?"
"나가라고 하면 나가야죠. 지금은 그럭저럭 괜찮아요."
"어떻게 집에 다시 들어갔니?"
"처음에는 들어갈 용기가 없어서 집 근처에서 배회하다가 엄마를 만나 들어갔어요."

경민(중2)이가 한 이야기이다. 경민이는 중2가 되면서 엄마와 마찰이 시작되어 가출했다. 경민이와 엄마는 가출 사건을 보는 입장이 아주 달랐다. 엄마는 경민이가 말을 안 들어서 잔소리를 했다고 하고 경민이는 엄마가 잔소리를 많이 해서 다툼이 일어났다고 했다. 결국, 화가 난 엄마는 경민이에게 집을 나가라고 한 것이다.

엄마는 아이에게 "집 나가"라는 말을 하면 안 된다. 아이의 감정이 격한 상태에서 가출하면 감정적으로 행동할 수 있다. 다툼은 집안에서만 이루어지고 엄마 시야 안에서 일어나야 걱정이 덜 된다.

아이는 집을 통해 경험하고, 경험을 바탕으로 지혜를 배우게 된다. 아이는 자신이 화났다는 것을 가출로 보여주려고 하는 것이다. 아이에게 가출은 그 상황을 피해 자신을 보호하려는 것이다.

엄마들은 아이 가출에 여러 가지 반응을 보인다. 집 나가는 순간 버릇을 고치겠다고 현관문을 잠그거나 현관 번호를 바꾸는 엄마가 있다. 아이는 집을 나가면서 엄마가 현관문을 "딸각" 잠그는 소리에 자신이 버림받았고 느낄 것이다.

화가 나서 가출은 하지만 그래도 엄마가 자신을 찾아주길 원한다. 그리고 아이는 잡히길 원한다. 집을 나가는 그 짧은 순간에도 '엄마가 나를 찾아줄까?'라는 생각을 한다. 그래서 엄마는 아이에게 '네가 집에 들어올 거라 믿고 있다'라는 암시를 줘야 한다. 문을 잠그지 말아야 한다. 그래야 아이에겐 집에 들어올 구실이 생긴다. 하지만 엄마가 현관문을 잠그는 순간 아이 마음의 문이 닫히고 몸은 멀어진다.

마음이 약해서 아이가 나가자마자 전화하거나 미안하다고 하는 엄마도 있다. 이때 아이는 엄마가 자신에게 졌다고 생각하고 우월감을 느낄 수 있다. 가출이 승패를 결정하는 싸움은 아니지만, 아이는 위에 있는 사람을 무너뜨리고 싶어 한다. 아이는 잡히고 싶지 않으면서도 잡히고 싶어 하고 자유로워지고 싶지만, 관심받고 싶어 한다.

"화를 참지 마라. 화를 참으면 병이 된다"는 말이 있다. 그렇다면 화가 난다고 무조건 감정적으로 표현해야 할까? 엄마가 아이 때문에 화난 일이 있으면 3초를 세고 얘기하라는 말이 있다. 엄마가 감정을 추스르고 아이와 얘기해야 다툼을 줄일 수 있다는 말이다. 아이의 행동이 마음에 안 들어서 화가 날 경우도 있지만 지적하지 말고 행동의 이유를 물어봐야 한다.

아이가 설령 잘못된 행동을 하더라도 엄마는 대화로 해결해야 한다. 엄마가 대화로 해결하면 아이는 문제해결 방법을 배우는 것이다. 대화하면서 아이는 자기 생각을 정리하고 자신의 행동을 되돌아볼 수 있다. 대화로 문제해결 능력을 배운 아이는 친구들과도 대화로 해결하는 아이가 된다.

엄마는 아이에게 '가출은 도망가는 것이다. 가출은 문제해결을 위한 무기가 될 수 없다. 가치 있는 무기는 지식, 지혜, 경험이다'를 가르쳐 주어야 한다.

엄마는 아이가 돌아왔을 때 집에 들어온 용기를 칭찬해 줘야 한다. 그리고 아이가 가족의 소중한 사람이라는 사실을 알게 해 줘야 한다. 아이의 모든 행동은 자신의 존재를 확인받고 싶어서 하는 행동이기 때문이다.

윤희(중2)와 친구들은 학교에서 선생님께 혼났다. 그리고 그 사실을 엄마들도 알게 됐다. 윤희 친구들은 "오늘 집에 가면 엄마한테 혼날 거야. 그러면 우리 집 나와서 00에서 만나자"라며 가출 후의 계획까지 다 세우고 있었다.

그런데 윤희 엄마는 아이의 행동에 화가 났지만, 그날 아이와 이야기하면 감정적으로 대할 것 같아 다음에 이야기하기로 했다. 사건이 있던 날도 평소처럼 지냈다. 엄마가 화를 내지 않자 윤희는 가출할 수 없었다. 생각지도 못한 엄마의 반전 드라마로 인해 가출을 못 한 것이다. 엄마는 나중에 윤희가 친구들과 가출 계획을 세운 것을 알고 자신이 화를 참고 순간 욱하지 않은 것이 다행이라고 했다.

감정의 홍수 상태가 되면 실제 지능도 20~30% 정도 떨어져 정상적인 행동을 하기가 어렵게 된다. 〈엄마의 말공부〉 이임숙

감정 홍수 상태는 감정이 이성을 지배해서 무슨 말을 하는지, 어떤 행동을 하는지, 어떤 상황에 있는지 모른다.

엄마가 감정 홍수 상태일 때는 잠시 쉬었다가 아이와 대화해야 한다. 그리고 아이가 감정 홍수 상태일 때는 "너 왜 화내는데?", "또 짜증이니?"라고 말하지 말고 '그래, 너 화났구나', '그래, 너 짜증이 났구나'라고 마음속으로 얘기하면서 기다려주면 아이는 잠시 쉴 시간을 갖게 된다.

엄마가 화내면 상황이 악화되어 서로에게 상처를 주게 되는 것이다. 아이가 혼날 거라고 예상한 상황에 엄마가 혼내지 않고 대화로 푼다면 아이는 혼나지 않는 그 순간만큼은 자신의 안식처를 찾은 느낌이 든다.

아이의 인성에 관심을 두지 않는 엄마

✱ 인성은 자신을 아는 것부터 시작한다. 자신의 잘못된 행동이 무엇인지, 자신의 행동이 남에게 피해가 되지 않는지 생각하는 것이다.

몇 년 전에 지도했던 준혁(중2)이는 공부는 잘하지만, 짜증이 많고 수업 자세도 좋지 않았다.

"짜증 나는 일 있니?"
"다 짜증 나요."
"특별히 짜증 나는 일이 있었니?"
"다 짜증이에요. 빨리 수업해요."
"네가 마음이 안 좋은 데 수업이 되니?"
"수업은 할 수 있어요. 저는 맨날 이러는데요. 그리고 엄마도 알아요. 엄마는 제가 성적이 좋으니까 맨날 짜증 내고 수업 태도 안 좋은 것도 이해해 주는 것 같아요."

"엄마가 이해해 주니까 너는 좋아?"

"엄마가 아무 말도 안 하니까 편해요. 친구들하고는 제 성격 때문에 가끔 크게 싸웠는데 이제는 친구들도 뭐라 안 해요. 친구들하고 있었던 일은 엄만 몰라요. 얘기하지 마세요."

준혁이는 만날 때마다 기분이 좋지 않았다. 준혁이 엄마와 준혁이의 수업 태도에 관해 이야기했다. 그러자 엄마는 "걔는 원래 그래요. 그러면서도 할 건 다 해요. 수업은 잘하나요? 아이가 책을 좋아해서요. 책은 잘 읽을 거예요"라고 말해서 나는 당황했다. 책 이야기하려고 한 것이 아닌데 엄마는 수업한 것만 신경 쓰는 것이다. 더는 할 말이 없었다.

나는 준혁이가 자신을 제대로 잘 표현하고 수업할 때 예의를 갖추어야 한다는 것을 가르쳐 주지 않는 엄마의 행동이 아쉬웠다. 물론 선생인 내가 가르칠 수도 있다. 하지만 준혁이가 독서 수업할 때만 태도가 나쁜 것이 아니라 여러 면에서 그렇다면 엄마의 가르침이 절대적으로 필요하다. 모든 교육은 가정에서부터 시작되는 것이기 때문이다.

몇 년 전 후배에게 들은 이야기이다. 후배의 아들은 스물한 살이다. 중학교 1학년까지 공부를 잘했다. 하지만 중2가 되면서 공부를 중요하게 여기는 후배와 갈등이 생기면서 공부를 안 하게 되었다. 후배가 공부 때문에 아들과 심하게 다툰 날 "언니, 나는 아이가 공부 잘해서 좋은 학교에 가면 잘 될 줄 알고 아이에게 공부를 많이 강조한 것 같아요. 그런데 아들이 저에게 이제까지 엄마가 원한대로 살았으니까 이제는 자신이 원하는 대로 살겠다고 하네요"라고 하면서 울었다. 자신이 아이를 키우면서 중요하게 생각한 공부가 무너지고 대드는 아들을 보면서 가슴이 더 무너진 것이다.

요즘은 기업에서 인성을 중요시한다. 그래서 인성을 가르치는 학원도 생겼다. 인성은 암기해서 나오는 행동이 아니라 일상생활에서 습관이 되어야 생긴다. 인성은 자신을 아는 것부터 시작한다. 자신의 잘못된 행동이 무엇인지, 자신의 행동이 남에게 피해가 되지 않는지 생각하는 것이다.

인성은 사람들이 사회에서 서로 조화롭게 살아가는 데 필요한 덕목이다. 이를 위해서 가장 핵심적인 것은 '남이 나에게 했을 때 내가 불쾌하게 느끼는 일, 그것을 남에게 해서는 안 된다'이다. 그런 태도를 갖는 것이 인성을 갖춘 것이다. <CEO 아빠의 부모수업> 김준희

지금은 대학교 3학년이 된 다영이(22세)가 고등학생 때 이야기이다. 다영이는 학생이지만 밭일을 한다. 그래서 주말이

나 방학에는 항상 밭에 간다. 바쁠 때는 시험 기간에도 밭에 가야 해서 공부할 시간이 부족하다고 엄마에게 하소연하기도 했다.

"엄마, 지금 시험 기간인데요. 공부하면 안 돼요?"
"시험공부 해야 할 거면 공부 끝내고 저녁에 밭에 와서 정리하는 거 도와줘라."
"엄마, 시험 기간이라고요!"
"시험 기간이니까 밭일 줄여주는 거야, 밭일한다고 성적이 안 나오면 네가 평소에 공부 안 한 거지."

다영이는 엄마에게 시험공부 시간을 달라고 부탁하면서 공부를 했다. 다영이는 평소에 공부할 때는 밭에 안 가지만 공부를 안 하면 밭에 갔다. 또 방학에는 보충수업이 끝나자마자 밭에 가서 엄마와 하루 작업한 일을 같이 정리한다. 그래서인지 공부 시간이 모자란 다영이는 시간 나는 대로 틈틈이 공부했다.

다영이는 엄마에게 인성 교육을 말로 들은 것이 아니라 몸으로 배웠다. 학생의 신분으로 공부를 해야 하지만 밭일도 같이 하면서 삶을 경험한 것이다. 몸으로 경험한 밭에서의 체험은 엄마의 삶을 더 이해하게 됐다. 그리고 엄마를 이해하면서 주변 사람을 이해하는 생각으로 커졌다.

우리 사회는 공부와 인성을 갖춘 인재를 원한다. 하지만 엄마들은 아이의 공부만 강조한다. 공부만 잘하면 인성은 저절로 된다고 생각한다. 또 공부만 잘하면 인성도 좋을 거로 생각한다. 물론 공부 잘하고 인성 좋은 아이들도 있다. 하지만 인성은 저절로 갖추어지는 것도 아니고 가르쳐서 되는 것도 아니다. 인성은 엄마가 아이에게 몸소 보여주는 것으로 시작한다.

공부만 잘하고 남을 배려할 줄 모르는 아이는 주변에서 싫어한다. 학창 시절에는 자신과 뜻이 맞지 않으면 어울리지 않으면 된다. 하지만 아이가 커서 사회생활을 할 때는 자기와 맞는 사람만 만날 수 없다.

남을 배려하지 않고 이기적인 사람은 주변이 사람이 없다. 그렇게 되면 학창 시절 열심히 공부한 것을 보여줄 기회를 얻지 못하게 된다. 엄마는 아이가 다른 사람과 함께 일할 수 있는 사람이 되게 해야 한다. 진정한 능력은 주변 사람들의 마음을 아는 것이다.

아이의 '대학 입시'가 최고로 중요한 엄마

✳ 가는 길에 목표가 바뀌어도 그것은 문제가 되지
않는다. 아이가 자신이 가는 길에서 자신만의
방법을 발견하고 더 나은 모습으로 발전하면
생각하지 못한 새로운 목표가 생길 수 있다.

"저희 대학생 아들이 읽을 만한 책을 추천해 주실 수 있으세요?"
"갑자기 책은 왜?"
"아이가 대학 생활을 좀 힘들어해서 책을 좀 읽게 하려고요."

아이가 대학에 입학은 했지만 인간관계와 대학 생활의 스트레스 때문에 자신의 감정을 다스리기 힘들어한다는 것이다. 후배는 자신이 아이를 도와줄 수 있는 것이 무엇일까 생각하다가 책 추천을 받으려고 했다. 아이가 학창 시절에 공부를 잘하고 착실해서 다른 문제가 생길 거라곤 꿈에도 생각을 못 했다고 한다.

책 추천을 받고 몇 개월 후 아이가 대학을 휴학하고 후배와 같이 상담을 받는다고 했다. 아이가 좋아지려면 엄마도 같이 상담을 받으라고 했다는 것이다. 그동안 아이는 집 밖으로 나오지 않았는데 지금은 많이 나아져서 조금씩 밖에도 나간다고 했다. 후배의 얘기를 들으면서 안타까웠지만 좋아졌다고 하니 다행이라는 말밖에 할 수가 없었다.

"그동안 나는 아이가 고민을 이야기하면 공감해 주기보다 정답을 제시해주려고 했던 것 같아요. 생각해 보니 아이가 저한테 도움을 청했던 것을 '이렇게 해 봐, 저렇게 해 봐'라는 말만 하니 답답했나 봐요. 아이는 이미 자기가 어떻게 해야 할지 알고 있었어요. 제가 자신의 마음을 이해해 주지 않으니까 힘들었나 봐요. 아이가 학창 시절에 아이의 생각이나 마음에 관해 대화를 많이 나누지 못한 것 같아요. 그리고 아이의 목표를 대학에만 두었던 것이 지금은 후회돼요. 다행히 이번 기회에 저도 많은 생각을 하게 됐고 변하게 되었어요. 지금은 마음 아픈 아이를 바라볼 수 있게 되고 아이와 조금씩 대화를 하기 시작했어요."

후배는 이런 소식을 전해 주었다. 나는 후배에게 아이를 위해 용기를 낼 수 있는 것은 엄마이기 때문에 가능한 거라고 하면서 격려를 했다. 방학이 되면 대학에 진학한 학생들이 나를 찾아와서 하는 말이 생각났다.

"대학에 가려고 열심히 공부했는데, 막상 대학에 가니 이제 무엇을 해야 할지 모르겠어요."
"대학에 가려고 공부하느라 지쳐서 지금은 좀 쉬고 싶어요."
"과에서 1등 해서 기쁘지만, 미래를 생각하면 뭘 어떻게 해야 할지 모르겠어요."

'왜 모르겠는지', '왜 쉬고 싶은지'에 대해 학생들과 얘기해 봤다. 대학을 목표로 열심히 공부했는데 대학이 끝이 아니었다. 대학 1학년 때부터 취직을 생각해야 하니 무엇을 해야 할지 모르겠다는 것이다. 취직 공부하기에는 지금 너무 지쳐 있다고 한다. 우리가 달리기할 때 목표지점에 가면 지쳐서 쉬듯이 대학이라는 목표지점에 오니 쉬어야 하는 상황이 된 것이다.

자동차 뒤꽁무니를 쫓아서 맹렬하게 달리는 개가 있다고 해 보자.

갖은 노력 끝에 마침내 그 개가 자동차를 따라잡는 데 성공했다고 치자. 자, 그러면 이제 그 개는 무엇을 해야 할까? 그렇다. 그 개는 이제 뭘 해야 할지 모른다. '그 후의 계획'이 부재하기 때문이다. 〈타이탄의 도구들〉 팀 페리스

그동안 아이들은 대학을 위해 열심히 살았다. 아이들의 목표는 대학이었다. 대학에 들어온 아이들은 목표가 없어진 셈이다. 그럼 다른 목표를 세워야 하는데 목표를 세우지 못하는 것이다. 왜일까? 그것은 그동안 스스로 목표를 세운 적이 없기 때문이다.

스스로 목표를 세운 아이는 목표를 위해 노력하고 성장한다. 성장하는 아이는 미래를 생각하는 삶을 살게 될 것이다. 그런데도 엄마들은 아이의 공부 레벨 올리는 것에만 관심이 많고 아이의 삶이나 생각 레벨을 올리는 것에는 관심이 없다. 공부만 잘하면 생활 수준이나 사고방식이 같이 성장한다고 생각한다. 하지만 공부 잘하는 학생 중에는 앞으로 뭘 해야 할지 모르는 학생들이 너무도 많다.

"선생님, 엄마가 지금 열심히 공부하고 대학 가면 제가 하고 싶은 대로 다 하래요. 그래서 지금은 공부하려고요."

"그래? 대학 가면 하고 싶은 대로 할 수 있다고 하니 좋니?"

"그럼요. 대학 가면 실컷 놀아도 엄마가 뭐라 안 하고, 술을 마셔도 잔소리 안 한다고 했어요. 그러니 얼마나 좋아요. 술 먹고 막 놀 수 있잖아요."

기찬(중2)이에게 엄마는 공부하게 할 목적으로 대학 이야기를 했다. 하지만 대학만 가면 뭐든지 다 해도 된다고 말한 점이 아쉬웠다. 엄마들은 대학이 인생 전부인 것처럼, 대학이 종착점인 것처럼 얘기한다. 하지만 "대학 가면 다 돼", "대학 가면 하고 싶은 대로 해"라는 말을 듣던 아이는 대학에 가면 목표 달성이라는 험난한 여정을 거쳤기에 쉬어야 한다. 쉬는데 또 생각만큼 만족스럽지 않아 허탈하고 방황할 수도 있다.

주변에서 "대학 가면 성인인데 아이 스스로 알아서 해야지"라는 말을 많이 한다. 물론 성인이 된 아이가 스스로 살아가야 하는 것은 맞다. 나도 큰애가 대학입학 한 후 "애 다 키웠네"라는 말을 자주 들었다. "애 다 키웠다"라는 말은 어떤 의미일까? 이제부터는 "아이가 알아서 살게 해라"라는 의미이다.

아이들은 그동안 공부만 하다가 학생으로서 사회에 첫발을 내디딘 것이다. 대학은 공부와 인간관계, 자신의 미래를 생각할 수 있는 곳이다. 하지만 갑자기 어른이 된 아이에게는 혼자 책임져야 할 일이 많다.

아이가 대학생이 되어서 "엄마, 어떻게 해야 할지 잘 모르겠어요"라고 말을 할 때는 도와달라는 뜻이다. 그럴 땐 인생 선배로서 공감과 방향을 제시하는 방법으로 도와주면 된다. 왜냐하면, 그 문제의 정답은 아이가 갖고 있기 때문이다. 다만 힘든 것을 엄마와 얘기하면서 생각을 정리할 수도 있고 스스로 해결책을 찾아갈 수도 있기에 엄마는 무즈건적인 지지와 성원을 보내야 한다.

아이가 학창 시절에 자신의 인생 설계를 할 기회를 줘야 한다. 아이의 최종목표를 위해 거꾸로 생각해 보자. 최종목표에서 내려가면서 자신의 위치를 찾는다. 다시 자신의 위치에서 한 단계씩 올라가는 것이다. 올라가기 위해 지금 해야 할 것부터 하나씩 실천하는 것이다. 미래의 목표를 위해 지금 해야 할 것과 지금 하고 싶은 것을 정리해야 한다. 정리하는 과정에서 아이는 목표와 자신에 대해 진지하게 생각할 기회를 얻게 되는 것이다.

아이가 잘하는 것과 좋아하는 것이 같다면 실천하기가 쉽다. 하지만 아이가 잘하는 것과 좋아하는 것이 다를 수도 있다. 이때 엄마는 다른 두 개의 길이 하나로 만날 수 있도록 아이가 다양한 경험을 하게 해야 한다. 가는 길에 목표가 바뀌어도 그것은 문제가 되지 않는다. 아이가 자신이 가는 길에서 자신만의 방법을 발견하고 더 나은 모습으로 발전하면 생각하지 못했던 새로운 목표가 생길 수 있다. 스스로 정한 목표를 자신이 설계할 때 느끼는 뿌듯함은 삶에 긍정적인 영향을 준다.

아이가 스스로 노력을 해서 잘 안 될 때는 도움을 받는 것도 방법이다. 이때 아이가 항상 자신의 상황을 잘 인지하게 해야 한다.

자신이 힘든 상황인지, 도움받아야 할 상황인지, 스스로 해봐야 하는 상황인지 판단하는 것이 중요하다. 다양한 경험으로 스스로 성장할 기회를 가진 아이는 자신만의 가치를 갖게 된다. 자신만의 가치를 가진 아이는 클수록 멋진 인생 설계도를 갖고 살아갈 것이다.

3

대화의 마중물, 아이 안의 거인을 알아보기

아이 안의
창의 거인

※ 창의적인 아이는 상상력이 풍부하거나
엉뚱하다. 다른 사람에게 피해를 주지 않는
아이의 기발한 생각과 행동은 칭찬받아야 한다.

난 아이 안에 '거인'이 존재한다고 믿는다. 내가 생각하는 '거인'은 아이의 잠재능력과 재능이다. 아이는 하나 이상의 재주와 능력을 갖추고 있다.

작은애가 일곱 살 때 한글을 가르쳤다. 작은애는 독특한 생각을 자주 해서 쉽지 않을 거로 생각했다. 큰애는 한글을 가르치지 않았는데 스스로 한글을 읽었다. 잠자기 전에 읽어준 책의 효과였는지 한글을 자연스럽게 알았다.

내가 큰애만 키웠다면 엄마들에게 "책 많이 읽혀 주세요. 그럼 한글 배우기가 쉬울 겁니다"라고 말했을 것이다. 나의 이런 생각을 바꿔놓은 아이가 작은애다.

"엄마, 글자가 날아다녀요."
"어떻게?"
"머릿속에서 글자가 나뉘고 글자에 날개가 달려 하늘을 날아다녀요."
"글자를 붙이지 못하겠니?"
"네, 글자가 날아다니다가 막 변신해요. 그리고 글자 날개 모양도 다양해요."
"그럼 지금 어떤 글자가 어떻게 변신하는데, 날개 모양은 어떻게 생겼니?"

나는 아이와 한글 공부하려다 한글 변신 이야기 샛길로 들어섰다. 상상의 나라로 간 아이를 현실 세계로 데려오기에는 너무 멀리 가 있었다. 그날 나는 아이와 신나게 한글 변신 이야기를 했다. 아이가 글공부하기 싫어서 핑계를 대는 건지, 진짜 글자가 변신하는 건지 모르지만 아이와 재미있게 놀았다. 나는 작은애의 상상력을 보면서 '정말 기발한 생각을 하는구나'라는 마음으로 아이의 상상력을 존중했다. '그래, 너는 그런 상상력으로 뭔가 할 놈이다. 한글은 좀 늦게 알아도 괜찮아. 상상력이 최고지'라고 생각했었다.

부모는 어떤 규격화된 틀에 아이의 사고를 가두지 말고 숨어 있는 아이의 창의성을 일깨워야 한다. 아이를 학원이나 과외로 내몰지만 말고, 낯선 것에 대한 즐거움을 만끽할 수 있는 자유를 부여해 주라. 그러면 아이의 창의성은 쑥쑥 자랄 것이다. <행복한 엄마 수업> 이화자

엄마들은 착하게 자라기, 공부 잘하기, 좋은 대학 가기, 안정적인 직장 얻기 등의 틀을 만들고 아이를 교육한다. 엄마들은 자신의 아이가 눈에 띄거나, 주목받기를 원한다. 하지만 틀에 맞춰 자란 아이는 남과 똑같게 된다.

창의적인 아이는 상상력이 풍부하거나 엉뚱하다. 다른 사람에게 피해를 주지 않는 아이의 기발한 생각과 행동은 칭찬받아야 한다.

엄마들은 아이의 성적에만 관심을 기울일 것이 아니라, 생각을 키워줘야 한다. 아이들은 자신의 개성에 맞는 창의력을 갖고 있다. 생각은 암기하는 공부로 길러지는 것이 아니다. 엄마들은 아이에게 "생각 좀 해라"라는 말을 하지만 엄마들조차 생각이 어떤 건지 잘 모른다. 생각한다는 것은 의문을 품는 것이고, 입장을 바꾸어 보는 것이고, 다르게 보는 것이다.

작은애가 중학교 1학년 때 상기된 얼굴로 집에 왔다. 집에 오다가 길가에 핀 꽃이 너무 예뻐서 꽃구경을 했다고 한다. '어떻게 꽃이 여기 피었을까? (의문 품기) 꽃 입장에서 나를 바라

봤을 때 나는 어떤 모습일까? (입장 바꾸기) 여기에 꽃이 아니고 잡초가 있었다면 나는 잡초를 봤을까? (다르게 보기)'라는 생각을 했다는 것이다. 내가 "그 나이에 꽃을 보고 별생각을 다 한다. 쓸데없는 생각 할 시간에 책을 보거나 공부해라"라고 했다면 작은애는 생각의 마중물을 갖지 못했을 것이다.

나는 작은애가 꽃을 보고 생각하는 방법에 놀라 "앞으로는 집에 올 때 네가 본 것과 생각한 것을 얘기해 줘"라고 했다. 아이는 집에 오면서 자신이 길에서 보고 생각한 것을 잊을까 봐 헐레벌떡 뛰어와서 이야기를 풀어냈다. 전봇대, 돌멩이, 나무, 건물 등 구체적인 사물에서부터 행복, 사랑, 슬픔 등 추상적인 낱말까지 생각의 폭을 넓혀갔다.

생각의 폭이 넓어진 작은애는 생각한 것을 잊어버리지 않게 머릿속에 생각 주머니를 만들어 정리했다. 이렇게 아이의 창의력 출발은 주변의 익숙한 사물을 호기심을 갖고 관찰하고 질문하면서 시작됐다.

내가 작은애와 했던 생각 방법이다. 생각 질문은 다양하게 바꿔 볼 수 있다. 아이에게 코끼리가 된 모습을 상상하라고 했다. 코끼리가 있는 장소는 이야기하지 않았다. "코끼리가 된 너는 지금 어디에 있니?", "코끼리가 된 너의 눈에 보이는 것은 무엇이니?" 이렇게 생각할 수 있는 질문을 계속했다. 아이가 대답하는 것을 들으면서 '혁이는 이런 생각을 하는구나!'

파악하기만 했다. 아이가 이야기하는데 엉뚱한 대답을 하더라도 혼내지 않고 "어떻게 그런 기발한 생각을 했니?"라고 하면서 놀라워했다.

생각을 자주 하면 아이들은 생각의 폭이 확장된다. 아이가 건물 지붕을 보고 '지금 건물 지붕과 다른 모양의 건물 지붕을 만든다면 어떻게 할까? 재료는 뭐로 할까? 재료는 어디서 구하지?'라고 생각의 폭을 넓혀 가면 나를 벗어나 주변에 관심을 갖게 된다. 아이와 하는 생각 이야기는 주변에 있는 소재들로 다양하게 할 수 있다. 이렇게 꼬리에 꼬리를 무는 생각을 하다 보면 아이의 생각 근육은 점점 단단해질 것이다.

연세대가 2011년 곤충 연구에 빠진 내신 8등급의 학생을 '창의적인 인재'로 합격시켰다. 이 학생은 수학 등 일반 학업성적은 밑바닥이었지만, 남다른 곤충 연구 열정에 면접관들이 감동했다. 그런데, 연세대는 '창의 인재 전형'을 2013년 40명에서, 4분의 1토막인 10명으로 줄이기로 했다. 왜 그럴까요? 한국판 파브르 소년을 뽑았더니 너도나도 풍뎅이 소녀, 철새 소년만 몰렸기 때문이다. 사교육으로 가공된 아류만 넘쳐났다. 이 전형을 통해 뽑힌 학생들이 대학에서 적응을 못 하는 것도 정원을 줄이는 원인이 됐다. 우리 교육 현실에서 창의적인 인재를 찾기는 점점 더 어려워지고 있는 것 같다. 〈TV조선〉

아이들은 그동안 답을 찾는 생활을 해왔다. 답을 찾으면 답 이외에 더는 생각하지 않는 교육을 했다. 하지만 "한 가지 질문에 유대인 100명이면 100가지 답이 나온다"라는 말처럼 생각의 유연성을 갖도록 교육을 해야 한다. 엄마의 지지와 성장할 수 있는 질문이 있다면 아이가 생각하는 엉뚱하고 기발한 것이 정답이 될 수 있다. 창의적인 아이로 자라게 하려면 삶에서부터 자연스러운 대화와 신뢰가 바탕이 돼야 한다.

하루는 어린 톨스토이가 그림을 그리고 있었다.
"톨스토이, 뭘 그리고 있니?"
주변 어른이 하나둘 몰려오며 묻더니, 그림을 보며 크게 웃었다.
빨간색으로 토끼를 그려놓은 것을 보았기 때문이다.
"얘야, 세상에 빨간 토끼가 어디 있니?"
그러자, 톨스토이는 당당한 표정으로 이렇게 답했다.
"세상에는 없지만 제 그림 속에는 있어요." 〈부모 인문학 수업〉 김종원

"세상에는 없지만 제 그림 속에는 있어요"라는 톨스토이 말처럼 아이도 아이만의 인생 그림을 그리는 것을 기뻐해야 한다. 창의성이 사회의 중요한 요소로 주목받고 있다. 앞으로는 아이가 가진 지식을 쓰는 것이 아니라 지식을 어떻게 활용할 수 있는지가 핵심이 되었다. 다양하게 생각을 한 아이는 자신

이 가진 지식을 다양하게 활용할 수 있다. 아이 주변에 있는 친숙한 것들로 생각 연습을 시작해 보자.

독서로
임계점을 넘어선
아이 안의 거인

✱ 아이에게 책 읽기를 강조하지 않아도 책 놀이에서
아이들은 배운다. 아이가 어릴수록 엄마와 하는
책 놀이는 책 읽기의 시작이다.

독서 모임에서 개최하는 인문독서 강의를 들었다. 당시 고3인 큰애, 운동하는 고2 작은애와 같이 참여했다. 큰애가 고3이어서 그 강의를 듣는 것이 좋을지 집에서 시험공부를 하게 하는 것이 더 효율적인지 고민되었다. 하지만 '인문독서'라는 말에 끌려서 아이들과 강의를 들었다. 강사는 박상배 작가였는데 그 강의를 통해서 '인문독서'의 중요성을 알게 되었고 '본깨적'을 몸으로 체험했다.

'본깨적 읽기'란 저자의 관점을 제대로 보고(본 것), 그것을 나의 언

어로 확대 재생산하여 깨닫고(깨달은 것), 내 삶에 적용하는(적용할 것) 책 읽기를 의미한다. <본깨적> 박상배

인문독서 강의를 다녀온 날 아이들은 강의에서 마무리 못한 '본깨적'을 자기만의 방식으로 정리했다.

"집에 오면 쉴 줄 알았는데 뭐를 정리하고 있는 거니?"
"배운 것을 복습하는 의미로 정리하고 있어요. 강의 시간엔 책 일부분만 예를 들어서 마무리 못 한 느낌이 들었어요. 그래서 마무리하면서 정확히 알아보려고요. 이제부터는 오늘 배운 방법대로 책을 읽어봐야겠어요. 그동안 책을 꾸준히 읽어서 그런지 책 읽기에 대한 오늘 강의가 더 좋았던 거 같아요."
"그래? 좋았다니 엄마도 좋네. 강의에서 제일 기억에 남은 것은 뭐였니?"
"작가 관점에서 책을 읽으라고 한 거예요."

그 후 큰애는 고3이지만 매일 아침 일찍 학교에 가서 5분이라도 책을 읽으려 했고 생각의 관점을 바꾸게 됐다고 했다. '본다'의 '본'인 작가 관점으로 읽기는 책이 주는 의미를 파악하는데, 많은 도움이 됐다는 것이다. '깨닫다'의 '깨'와 '적용하다'의 '적'은 큰애의 생활을 더 단단하게 잡아줬다. 독서법 강

의는 큰애에게 생각의 전환을 시켜줬다. 그때까지 정리가 안 됐던 공부가 이 기회로 정리되기 시작한 것이다.

작은애는 대학을 안 가겠다고 했다. 형처럼 대학을 통해서 사회생활 해야 하는 사람이 있고, 자신처럼 대학이 필요할 때 대학을 가면 되는 사람이 있다고 했다. 그러면서 큰애에게 "형, 나는 나중에 대학에 갈 테니까, 형은 대학 가면 열심히 공부해"라고 했다.

자신은 지금 운동을 하고 있으니까 운동에 집중하면서 책 읽는 운동선수가 되겠다고 했다. 그래서 그런지 작은애의 가방엔 교과서는 없어도 읽을 책은 매일 가지고 다녔다.

작은애는 공부에 관한 생각과 앞으로의 계획을 얘기했다. 어린아이인 줄만 알았던 작은애의 생각은 의젓했다. "왜 그동안, 네 생각을 얘기 안 했니?"라고 묻자, 속마음을 얘기할 기회가 없었다는 것이다. 나는 아이와 대화를 많이 하는 편이라고 생각했는데 그건 나의 기준이었다. 그동안 아이가 마음 깊은 곳에 간직했던 얘기를 꺼낼 기회가 없었던 모양이다. 하지만 이런 독서 강의를 들은 후 아이들과 얘기를 나누다 보니 내가 몰랐던 아이들의 다른 모습을 볼 수가 있었다.

"어떻게 하면 아이들이 책을 좋아하게 되나요?"

많은 엄마가 나에게 자주 하는 질문이다. 나는 집중 시간이 짧은 유아기에는 동시를 매일 읽어줬다. 매일 읽어 준 효과 때문인지 말을 시작할 때 동시 책 한 권을 다 외웠다. 그렇게 큰애의 책 읽기는 편하게 이루어졌다. 작은애에게 책을 읽어주기 전까지는 아이는 당연히 편하게 책 읽기가 되는 줄 알았다.

큰애에게 읽어줬던 방법으로 작은애에게도 동시를 읽어줬다. 그런데 작은애는 "나는 책이 싫어"라고 하면서 방 밖으로 나갔다. "그래? 그럼 너는 거실에서 놀아. 엄마는 형이랑 방에서 책 읽을게. 들어오고 싶으면 언제든지 들어와"라고 하며 강요하지 않았다.

나는 큰애에게 몸으로 책을 읽어주었다. 몸으로 책을 읽는다는 것은 등장인물들과 똑같이 행동하는 것이다. 등장인물이 이불속에 들어가면 나도 들어가고, 서로 안아주는 내용이면 옆에 있는 큰애를 안으면서 몸으로 노는 것이다. 내가 동작을 크게 하면서 책을 읽으니까 작은애가 호기심이 생겼는지 거실에서 놀다가 고개만 방으로 내밀었다. 나는 속으로 쾌재를 불렀다.

'성공이다.'

몸으로 책 읽기를 삼 일 하니까 작은애가 방으로 들어와서 놀기 시작했다. 책 읽는 근처에서 빙빙 돌아다니면서 놀았다. 그리고 작은애는 책 읽는 옆에서 책 내용을 귀동냥하기 시작했다. 몸으로 책 읽기 한 지 일주일 되니 작은애는 자기도 안아 달라며 책 읽는 옆으로 슬쩍 다가왔다. 이번에는 완벽한 성공이다.

작은애까지 참여하자 두 아들과의 몸으로 책 읽기를 본격적으로 시작했다. 책을 싫어했던 작은애의 재미있는 책 읽기는 그렇게 시작되었다. 성인이 된 아이들은 지금도 책 이야기를 하면 책 내용과 몸으로 움직인 것을 기억한다.

내가 엄마들에게 아이들이 고학년이 되어도 책을 읽어줬다고 말하면 "글을 읽을 줄 아는데 책을 읽어줘요? 그것도 고학년에게요?"하며 놀란다. 나의 책 읽어주기 목적은 달랐다. 나는 아이들에게 한 권의 책이라도 더 읽어주려는 의도보다 엄마의 사랑을 책 읽기로 전한 것이다.

나는 아이들과 있을 시간이 많지 않았다. 그래서 아이들에게 양보다 질로 사랑을 줘야겠다고 생각하고 잠자리에서 책 읽어주기를 한 것이다. 아이들이 고학년일 때는 두꺼운 책을 매일 조금씩 읽어줬다. 어느 날 아이들이 "엄마, 어젯밤에 책 어디까지 읽었어요? 엄마가 읽어 준 내용이 꿈인지, 책 내용인지 모르겠어요"라고 말했을 때는 기뻤다. 아이들에게 책 내용이 꿈으로 이어져 편안하게 잤을 거라는 생각 때문이다.

그렇게 아이들에게 책 읽기는 좋은 추억이 되었다. 작은애는 공부를 안 해도 책 읽기는 즐거워했다. 책 읽는 사람은 언제든 자기가 하고자 마음만 먹으면 공부할 거라는 믿음이 있어 작은애가 책 읽는 것에 칭찬을 많이 했다.

작은애는 초등학생 때 자기가 읽은 책에 대해 질문을 해 달라고 했다. 아이가 부탁할 때 질문을 세 가지 정도만 했다. 아이는 질문에 대한 답을 잊어버릴까 봐 예상 답안을 손바닥에 가득 적었다. 나는 아이가 얼마나 알고 있는지 테스트하지 않았다.

세 문제 중 두 문제는 아이가 쉽게 대답할 수 있는 문제, 한 문제는 약간 생각해야 대답할 수 있는 문제를 내주었다. 약간 어려운 것이어도 대답을 할 수 있는 문제를 냈다. 문제는 아이가 내주라고 할 때만 냈다. 아이가 어릴수록 책은 아이의 놀이가 되어야 하기 때문이다.

"엄마, 손바닥 보고 대답해도 돼요?"
"응, 네 손바닥에서 답은 찾을 수 있겠니?"
"네."
"어떤 문제를 낼 줄 알고 답을 미리 적었니?"
"내가 엄마라면 어떤 문제를 낼까 생각해 봤죠."

작은애는 시간이 갈수록 손바닥에 답을 적는 분량이 차츰 적어지기 시작했다. 그 이유는 책에서 무엇이 중요한지 알게 되어서다. 그리고 손바닥 예상답지로 핵심 단어를 찾는 데 도움이 됐다.

아이가 손바닥에 예상 답을 썼을 때 "너, 손바닥에 그게 뭐냐? 엄마가 문제 내는 데 답을 보고 대답하면 안 돼. 지워"라고 했다면 작은애는 책에서 전달하는 핵심은 물론 책 읽기의 즐거움도 몰랐을 것이다. 나는 작은애가 손바닥에 적은 것 중에 핵심 단어가 들어있는지만 확인했다. 엄마들에게 작은애가 손바닥의 글을 보고 대답을 했다고 하면 "시험 볼 때도 그렇게 해도 되는 것으로 알 수 있잖아요?"라고 반문할 수 있다.

엄마는 아이 행동에서 잘한 것은 칭찬하고 걱정되는 부분은 아이가 이해할 수 있도록 얘기하면 된다. 손바닥에 적는 것은 엄마와 할 때는 시험이 아니라서 가능하지만, 시험 볼 때는 하면 안 된다고 가르치면 된다. 아이에게 책 읽기를 강조하지 않아도 책 놀이에서 아이들은 배운다. 아이가 어릴수록 엄마와 하는 책 놀이는 책 읽기의 시작이다. 책 읽기는 단기간에 이루어지는 것이 아니라 장기프로젝트이다.

감사 노트로 고3을 견딘 아이 안의 거인

✱ 감사 노트에 쓰는 글은 매일 한 줄이었지만
그 한 줄은 아이가 견딜 수 있는 힘이 되었다.

푸른 하늘 아래 살게 해주신 것에 감사합니다.
일찍 일어난 것에 감사합니다.
어머니, 깨워주셔서 감사합니다.
어머니, 체육관에 다니게 해줘서 감사합니다.
선생님, 비타민 주셔서 감사합니다.
모의고사 점수가 향상되어서 감사합니다.
항상 발전하는 나, 멀리 볼 수 있는 나의 마음에
감사합니다.
굴하지 않는 나의 마음에 감사합니다.

친구야, "그릇이 클수록 물이 느리게 찬다"라고 해줘서 고맙다.

큰애가 고3 때 쓴 감사 노트의 일부 내용이다. 큰애는 어릴 때부터 가끔 쓴 감사 노트를 고3이 되면서 매일 썼다. 감사 노트를 쓰면서 자신의 모든 상황을 감사하게 생각했다. 감사 노트에 쓰는 글은 매일 한 줄이었지만 그 한 줄은 아이가 견딜 수 있는 힘이 되었다.

감사 노트는 큰애가 고3 때 성적이 생각만큼 안 나와 힘들 때도 버틸 수 있게 해줬다. 그리고 머리카락이 빠질 정도로 학업 스트레스를 받았을 때도 큰 힘이 돼 주었다. 큰애는 감사 노트를 쓰면서 주변에 자신을 응원해 주는 사람이 많다는 것을 알게 되었고 긍정적인 생각을 갖게 되었다.

평소에도 항상 감사하는 마음을 가진 큰애는 주변에서 도와주는 사람들이 많았다. 아이는 주변의 도움으로 많이 성장했다.

"엄마, 오늘 엄청 좋은 소식 있어요."
"선생님께서 장학금 추천받아서 하래요."
"정말? 받아도 되는 건가?"
"받아도 되는 거니까 선생님께서 얘기한 거겠죠. 엄마 희망 사항이 이루어졌네요."

 큰애가 고등학교에 진학했을 때 "네가 고등학교에서 장학금을 받았으면 좋겠다"라고 이야기한 적이 있었다. 그 희망 사항이 이루어진 것이다. 아이가 착실하게 학교생활을 해서 선생님이 장학금을 추천해 주셨다. 큰애의 3년 장학금은 너무 큰 감사함의 결과였다.

 세상에서 가장 사랑받는 사람은 모든 사람을 칭찬하는 사람이요. 세상에서 가장 행복한 사람은 감사하는 사람입니다. 〈탈무드〉

 큰애가 감사 노트를 쓰기 시작한 것은 초등학교 4학년 때부터이다. 큰애가 어느 날부터 가슴이 아프다고 했다. 아빠의 빈자리를 느껴가기 시작해서 마음이 힘들었던 것이다. 하루는 가슴이 너무 아프다고 해서 병원에 갔다. 다행히 검사 결과 아무 이상이 없었다. 가슴이 아파 힘들어하는 아이와 얘기했다.

 "네가 아빠의 빈자리 때문에 가슴 아픈 것을 이해해. 엄마가 너였다면 더 힘들었을 거야. 네가 잘 견뎌줘서 고맙고 엄마한테 말해줘서 고마워. 의사 선생님이 '세상에는 다른 사람이 해결해 줄 수 있는 일도 있지만 다른 사람의 도움으로 해결 안 되는 것도 있어. 그리고 스스로 해결할 수 있는 일도 있지만, 해결이 안 되는 일도 있어'라고 말씀하셨지. 그래서 네 힘으로 안 되는 일에 가슴 아파하지 않도록 노력하자. 사람은 어떤 상황이든 이겨 낼 힘이 있어. 너에게도 그런 힘이 있다는 것을 엄마는 알아. 우리 같이 힘내자 엄마가 할 수 있는 것은 최선을 다해 도와줄게."

"제가 제 마음을 조절할 수 있는 방법을 찾아봐야겠어요."

그 후 큰애는 감사 노트를 쓰기 시작했다. 감사한 마음을 가지면서 마음의 공허함을 하나, 둘 채워갔다. 그렇게 큰애는 마음도 편안해지는 것 같았다.

감사하는 마음이 '뇌'도 '삶'도 바꾼다는 사실이 의학적으로 증명되었다. "엄마가 내게 해주셨던 여러 가지 고마운 일들을 하나하나 생각하면서…." 30대 직장인에게 어머니에 대한 고마움을 떠올리게 하는 메시지를 5분 동안 들려줬습니다.

심장 박동이 안정적인 파형을 그리고 표정은 편안해집니다. 자책하고 원망하라는 메시지를 들려줬더니 서서히 표정이 굳어집니다.

"나를 늘 화나게 하고, 괴롭히는 사람들의 얼굴을 떠올려보세요."

감사하거나 반대로 원망할 때 표정만 달라지는 게 아닙니다. 감사

할 때의 심박 수 평균은 차츰 감소하는 반면 원망하면 스트레스를 받을 때처럼 증가합니다. 심박 수가 달라지는 건 상황에 따라 우리 뇌도 계속 변하기 때문입니다. 〈SBS 뉴스〉

"선생님이 말씀해 주신 감사 노트를 쓰니까. 주변에 감사한 것들이 많아요. 예전에는 감사한 것이 없다고 생각해서 불평을 많이 했는데 요즘은 불평이 확 줄었어요. 주변이 문제가 아니라 제가 문제였어요."

"그래? 다행이다."

"감사 노트를 쓰니까 평소에 사소하게 생각했던 것에도 감사한 마음이 생겨요. 아침에 학교 갈 때 시원한 바람이 부는 것까지 감사했어요. 바람이 그렇게 시원한지 몰랐어요. 바람을 맞으면서 학교엘 가니까 마음마저 뻥 뚫리는 기분이 들어 좋았어요. 감사 노트로 긍정적으로 생각하니까 엄마하고 덜 싸워요. 이제는 엄마하고 싸워도 엄마가 있는 것에 감사해요."

진영(중3)이가 한 말이다. 진영이는 엄마가 잔소리를 많이 해서 사이가 안 좋고 모든 것이 불만이라고 했었다. 하지만 감사 노트를 쓰면서 평소에 지나쳤던 것들, 시시하게 생각했던 것들 모두가 소중하고 가치 있어 보였다는 것이다.

감사 노트를 쓰면 감사한 마음이 생겨 행복해진다. 행복한 사람은 마음이 부자다. 마음이 부자가 된 사람은 다른 사람에게 마음으로 베풀 수 있는 역량을 가진 사람이 된다. 그리고 자신의 생활이 힘들어도 좋은 것들을 생각하게 된다.

아이가 자신의 생활을 힘들어하고 불만이 많으면 감사 노트로 극복하게 하는 것도 좋은 방법이다. 감사 노트를 쓰는 아이는 자신이 소중하고 행복한 아이라는 것을 알게 된다. 그리고 감사 노트로 마음의 근육이 생기면 어떤 어려움에도 흔들림 없는 아이로 자랄 수 있다.

수학 트라우마를 극복한 아이 안의 거인

✳ 아이는 수능 이후 '포기하지 않으면
성공한다. 성공은 꾸준히 하는 것이다'라는
믿음이 생겼다.

"엄마, 수능 수학(문과) 1점이 모자라서 1등급이 안 됐어요. 근데 백분위는 아주 높아요."

큰애가 나에게 수학 점수를 얘기했을 때 "축하해"가 아니라 거짓말하지 말고 놀리지 말라고 했다. 정말로 생각하지 못했던 점수였다.
큰애는 평소 수학이 3~4등급이다. 평균적으로 4등급 정도인데 어쩌다 운이 좋으면 가뭄에 콩 나듯이 3등급도 나왔다. 열심히 해도 점수가 안 나와서 친구들이 돌대가리라고 놀렸다. 열심히 하는 것으로 따지면 최상위권이지만, 점수는 그럭저럭한 상황이었다. 큰애 말로는 노는 친구들보다도 점수가 더 안 나온다고 했다. 수학은 큰애의 복병이었다.

큰애의 수학 트라우마는 중학교 첫 중간고사부터였다. 큰애는 자신이 초등학교 때는 수학을 잘한다고 생각했다. 그래서 중학교 첫 중간고사를 열심히 공부했다. 문제집도 풀고 다른 학교 친구한테 시험지도 빌려와서 풀었다. 열심히 했기 때문에 높은 점수를 기대한 것 같은데 시험이 끝난 후 전화기로 당황한 큰애의 목소리가 들렸다.

"엄마, 수학 시험지가 백지로 보였어요."
"아이고, 시험지가 백지로 보였어? 너 당황했겠다. 너무 속상해하지 말고 집에 와서 얘기하자."

처음에 수학 시험지가 백지로 보였다고 했을 때 깜짝 놀랐다. 그리고 안절부절못하는 아이를 진정 시켜야겠다는 생각뿐이었다.

저녁에 큰애와 얘기했다. 큰애는 수학 공부를 열심히 해서 기대를 많이 했다. 하지만 떨리기도 한데다 첫 문제부터 막혀서 시험지 글이 안 보였던 것이다. 나는 이미 끝난 시험이고 좋은 경험을 했다고 아이를 위로했다.

"다음에 수학 시험에서 원하는 것은 뭐니?"
"문제가 보이는 것이 목표예요."
"그래, 다음 수학 시험의 목표가 생겼으니 됐다. 같은 상황이 생기지 않으려면 네가 준비해야 할 것이 있어. 시험장에 앉아 있는 네 모습, 그때 네 기분, 느낌, 첫 문제 막혔을 때 네가 생각했던 것들을 머릿속에 그려봐."
"잘 모르겠어요. 그때를 생각하기만 해도 끔찍해서 싫어요."
"같은 상항이 벌어졌을 때 더 단단해지기 위한 연습인 거야. 엄마는 네가 시험 끝난 후 밝게 집에 온 것과 엄마랑 솔직하게 얘기하는 것만으로도 이미 용기를 냈다고 생각해. 엄마는 그것을 감사하게 생각하고 있어."

아이가 시험 볼 때 느꼈던 기분과 상황을 떠올리게 하면서 어떻게 대처할지 이야기했다. 기말고사를 본 후 큰애에게서 전화가 왔다. 큰애는 기분 좋은 목소리로 "엄마, 수학 문제가 보였어요"라고 했다. 누가 옆에서 들으면 100점 받고 기분 좋아하는 줄 알 정도였다. 나는 100점이라는 점수를 들은 것처럼 기뻐했다.

점수는 묻지 않았다. 점수가 어찌 됐든 큰애는 목표에 도달한 것이기 때문에 성공했다며 축하해줬다. 첫 관문을 통과했지만, 큰애에게 수학은 고등학교 내내 트라우마였다.

큰애가 수능 수학을 예상보다 잘 보게 된 것은 이유가 있다. 수학 점수가 계속 안 나오는 상황에서도 꾸준히 열심히 했기 때문이다.

"어떻게 수학을 잘 보게 됐니?"
"내가 아는 것과 모르는 것을 정확히 구분해야 한다고 친구가 조언해 줬어요. 그래서 제가 뭘 모르는지 정확히 아는 것에 신경을 썼어요. 그다음에는 '왜 이렇게 됐을까?'라는 생각도 하고, 시간이 걸리더라도 정확히 알려고 했어요."

큰애는 점수가 계속 안 나와서 힘들었지만 더는 내려갈 곳이 없으니 끝까지 해 보자는 마음으로 공부를 했다. '그냥 꾸준히 하면 언젠가는 좋아지겠지, 수능을 위해 하는 공부니까 그때까지 내가 부족한 것을 채우자'라는 마음으로 했다. 그렇게 큰애는 자신의 부족한 공부를 하나씩 채워갔던 것이다.
"사람 일은 알 수 없다"라는 말처럼 큰애의 수학 점수는 생각하지 못했던 결과였다. 아이는 수능 이후 '포기하지 않으면 성공한다. 성공은 꾸준히 하는 것이다'라는 믿음이 생겼다.

사교육 걱정 없는 세상의 '수학교육 인식조사'(2015년)에 따르면 수포자(수학 포기자) 비율이 59.7% 될 정도로 심각한 상황이라고 한다.

큰애는 수학을 선행하지 않아 힘들어했지만, 자신의 속도를 유지하며 꾸준히 했다. 중학교 수학 선생님은 "이 정도 실력으로 고등학교에 가면 성적이 하위권이 될 거야"라고 말했다고 한다. 하지만 큰애는 그런 말에 흔들리지 않고 '그래, 나는 수학에 약하니까 그냥 하자. 꾸준히 하다 보면 되겠지'라는 마음이었다고 했다.

큰애는 해결할 답이 안 보일 때는 그냥 꾸준히 하는 것밖에 방법이 없다고 생각했다. '이렇게 하면 잘 풀리는구나'라는 것보다 '이렇게 하니 안 되네!'에 더 중점을 두고 공부를 했다. 하지만 '수업에 열심히 참여하는 데 수학 성적이 왜 이럴까? 내가 정말 바보일까?'라는 생각을 수없이 하기도 했다.

아이는 수학에서 실패했던 방법을 정리하면서 실패를 반복하지 않기 위해 노력했다. 점수에 흔들리지 않고 자신의 실력 내공을 쌓아갔다. "예전에는 대단한 결과물이 있는 사람이 대단해 보였거든요? 근데 요즘은 오랫동안 꾸준히 하는 사람이 너무너무 대단해 보이는 거예요." 유퀴즈에서 나영석 PD가 한 말이다. 만약 아이에게 꾸준히 하는 무언가 있다면 아이는 이미 대단한 길을 가고 있는 것이다.

스스로 공부법을 만든
아이 안의 거인

✽ 작은애는 자신의 목차 공부법이 편하긴
했지만, 처음엔 좋은 건지 몰랐다고 한다.
"엄마하고 얘기하면서 엄마가 감탄해 주니까
좋은 줄 알았어요"라고 이야기했다.

목차 공부법

이 공부법은 작은애가 중학생일 때 사용하던 공부법이다. 작은애가 시험공부 할 때 목차만 가만히 보고 있으면 '왜 저러지? 그래도 책을 보고 있으니까 공부하려나?'라는 생각을 했다. 작은애는 관심이 있는 과목에는 집중력이 좋은 편이지만 관심 없는 과목엔 산만한 편이다. 작은애가 자신의 '목차 공부법'에 대해 이야기할 때 나는 신기했다.

"목차 공부법은 어떤 거니?"

"목차 공부법은 목차만 보면서 그날 공부할 것이 무엇인지 생각하는 거죠. 공부 시작 전에 목차만 보고 알고 있던 것, 궁금한 것, 예상한 것들을 책이나 노트에 정리하는 거예요. 공부를 마치면 다시 목차를 보면서 공부하기 전과 후를 비교하면서 생각을 정리해요."

"그렇게 공부하면 시간이 오래 걸리지 않니?"

"처음에는 시간이 오래 걸려도 두 번째부터는 오래 안 걸려요. 뭐든지 처음이 어려워요. 이렇게 공부하면 목차 순서로 머리에 생각 주머니가 만들어져요."

"그 공부 방법 참 좋네! 어떻게 이런 걸 알았어?"

"책을 읽을 때 목차를 보고 읽었더니 좋아서 공부에 적용해 봤어요."

"응용력이 좋네."

작은애는 자신의 목차 공부법이 편하긴 했지만, 처음엔 좋은 건지 몰랐다고 한다. "엄마하고 이야기하면서 엄마가 감탄해 주니까 좋은 줄 알았어요"라고 이야기했다. 작은애는 몇 과목만이라도 목차 공부법이 완전히 익숙해지게 연습했다. 그리고 나름 목차 공부법을 체계화시면서 공부했다.

"그렇게 좋은 공부 방법을 알고 있으면서 다른 과목 공부는 왜 안 하니?"라고 잔소리를 하고 싶었다. 하지만 아무 말도 하지 않았다. 작은애는 나의 인내력을 시험했고, 나는 그 시험을 보면서 인내력을 키웠다.

작은애의 '목차 공부법'은 고2 때 육군부사관 시험공부를 하면서 효과를 보았다. 갑자기 공부하게 된 육군부사관 시험은 주요 과목과 군인에 관련된 과목까지 공부해야 할 것이 많았다. 육군부사관 시험공부를 하면서 '목차 공부법'을 중학교 때보다 더 꼼꼼히 실천했다.

목차는 전체 개요를 나타내는 것이고 목차의 단어는 핵심 단어로 생각했다. 공부하고 난 후 핵심 단어를 중심으로 떠오르는 단어들을 꼬리 물듯이 생각하면서 종이에 썼다. 그리고 생각나는 단어들을 마인드맵 형식으로 채워 나갔다. 공책에 알게 된 것, 놓친 것, 빨리빨리 생각 안 나는 것들을 체크하면서 정리했다.

작은애는 목차 공부법을 통해 자신이 제대로 잘 알고 있는지, 모르는지 확인했다. 자신이 잘하는 부분은 빨리 정확히 푸는 연습을 하고, 잘 모르는 부분은 개념에 충실하려고 노력했다. 많은 과목을 준비하기에는 시험 준비 기간이 짧아서 틈나는 대로 공부를 했다.

작은애는 하루 공부를 마무리하면 정리하는 의미로 나한테 확인을 받았다. 그럴 때는 항상 목차 중심으로 문제를 내

주라고 했다. 목차 중심으로 자신이 만든 문제도 보여주었다.

"어떻게 목차로 문제를 만드니?"라고 했더니 목차는 책의 핵심이고 문제는 핵심을 벗어나지 않으니까 출제자의 관점에서 문제를 만들었다는 것이다. 이렇게 문제를 만들면 책 내용이 잘 이해된다고 했다.

처음엔 목차를 보면서 머릿속에 뼈대를 만드는 것이 아주 힘들었는데 자꾸 하니까 목차만 봐도 잘 이해가 된다고 했다. 목차를 통해서 책 내용을 얼마나 빨리 파악하느냐가 시험의 관건이라고 하면서 문제를 내달라고 했다.

문제를 냈는데 자신이 잠시라도 머뭇거리면서 답하면 "에이, 이건 완벽하지 않네"라고 하면서 바로 자신의 부족한 부분을 채워갔다. 작은애는 120%를 공부해야 100%가 나오고, 100%를 공부하면 80%가 나온다는 생각으로 공부했다. 이후 작은애는 자신만의 공부 방법을 '120% 공부법'이라고 이름을 붙였다.

작은애는 독학으로 하는 것이라서 다른 사람들보다 두 배 이상 노력해야 했다. 작은애가 열심히 공부하는 것을 보고 '다른 학생들처럼 공부해서 대학에 가면 얼마나 좋을까?'라는 생각이 자꾸 들었다.

친구들처럼 대학가는 시기에 대학가고 군대 가는 시기에

군인을 하면 좋은데 학창 시절에 왜 군인을 고집하는지 안타까울 뿐이었다. 하지만 본인이 하고 싶어서 하는 공부이고 자신만의 공부법을 만들면서 공부하니까 기특했다. 남들과 다른 길을 가면서 혼자 힘들고 외로운 싸움을 하지만 아이는 점점 강해져 갔다. 작은애는 내가 생각했던 것보다 훨씬 강했다. 어쩌면 모든 아이는 엄마들이 생각한 것보다 더 강할 것이다.

유튜브에서 구글에 입사한 권은진에 관한 영상을 봤다. 권은진은 학창 시절 '목차 공부법'으로 서울대에 입학했다. 권은진의 '목차 공부법'은 예습의 효과를 주고 수업의 방향을 잡을 수 있었다고 했다. 목차를 보지 않을 때는 선생님이 수업 시간에 전달해 주는 내용의 중요성 차이가 느껴지지 않았다고 했다.

작은애는 대학을 가진 않았지만 '목차 공부법'으로 자신의 노력과 능력을 보여주었다. 육군부사관 시험에 1차 합격하니 학교에서는 대단한 학생이라며 게시판에 이름을 크게 적어 주었다. 이를 계기로 작은애는 자신에 대한 믿음이 생기고 당당해졌다.

우리가 아침에 눈이 안 떠질 때 눈을 억지로 뜨게 하면서 일어나라고 하면 머리는 자고 있지만, 눈은 뜰 수 있다. 잠이 덜 깬 몽롱한 상태에서 움직이면 활동을 제대로 할 수 없다.

공부에 눈이 아직 덜 뜬 아이들도 이와 마찬가지이다.

아직 공부에 눈이 덜 뜬 아이한테 억지로 공부하라고 말하면 아이는 엄마 말소리에 잠이 덜 깬 몽롱한 상태처럼 반응한다. 이럴 때는 공부를 시켜 봐야 소용이 없다. 지금 아이가 공부에 눈이 덜 뜬 상태라면 엄마는 아이에게 공부에 눈을 뜨라고 강요하거나 소리치면 안 된다.

아이가 잠에서 깨기를 기다리듯 공부 눈 뜨기를 기다려야 한다. 우리가 자연스럽게 잠에서 깨야 몸이 개운하듯이 아이가 공부에 자연스럽게 눈을 뜰 수 있는 환경을 만들어 주면 된다. 초등학교 때는 공부의 즐거움을 경험할 수 있도록 성취감을 느끼게 해주어야 한다. 그리고 학년이 올라갈수록 자신을 관찰할 기회를 얻게 되면 자신이 무엇을 해야 할지 알게 된다.

느리지만
목표를 향해 가는
아이 안의 거인

※ 아이가 좋아하는 것에 보이는 집중과 관심이
진짜 아이가 가진 힘이다. 좋아하는 것을
인정하고 맘껏 하게 하면 아이의 숨겨진
능력을 발휘할 기회가 생긴다.

"언니, 우리 애가 고2 영어 공부해요."
"엄마, 나 고2야. 당연한 거 아니에요? 부끄럽게 다른 데 가서 그런 말 하지 마세요."
"얘는, 네가 고1 때 영어를 너무 힘들어해서 기초부터 공부한 것에 비하면 잘하는 거야. 얘기해도 괜찮아."

올케가 나에게 얘기할 때 조카가 옆에서 한 말이다. 올케는 조카가 고2지만 고2 영어를 할 수 있는 능력이 된 것을 축하해 준 것이다. 조카는 공부가 느린 편이었다. 그리고 올케는 조카가 느리게 크는 것을 잘 기다려 줬다.

조카는 고1 때 기초부터 차근차근 공부하기 시작했다. 공부가 힘들어서 학원에 보내 달라고 하는 조카에게 올케는 "네가 학원가도 진도를 따라갈 실력이 아닌데 어떻게 학원을 가니? 학원 갈 실력이 되게 해 봐"라고 했다. 조카는 올케가 학원을 안 보내주겠다고 해서 더는 조르지 않았다. 그래서 혼자 공부하면서 힘들어서 울기도 많이 했다.

대개 엄마가 아이를 학원 보내는 이유는 공부가 잘 안 되니까 보내는 것이다. 그런데 올케는 기초가 안 된 조카가 학원 진도를 따라가려면 자기 공부를 못한다는 것이다. 학원은 어느 정도 공부가 된 아이들이 가야 학원 진도를 맞추면서 공부할 수 있다는 것이 올케의 생각이었다.

예고에 다니는 조카는 공부할 시간이 부족했다. 거기다 학원도 못 가니까 믿을 수 있는 것은 자신밖에 없다고 생각했다. 그래서 틈나는 대로 공부했다. 처음에는 생각처럼 공부가 잘 안 됐다. 공부가 힘들고 속상할 때는 올케가 옆에서 응원해 줬다. 올케의 응원은 특이했다. 올케는 치어리더처럼 손뼉을 치면서 "잘한다. 잘한다. 우리 딸. 여기까지 한 것도 대단하다"라며 선수들 응원하듯이 했다.

힘들게 자기주도 학습으로 공부하면서 기초를 다져가던 조카는 느리지만 조금씩 실력이 향상되었다. 고2 때는 그동안 해온 공부가 빛나는 결과를 가져왔다. 1등급 받은 과목이 많아진 것이다. 조카도 자신의 실력향상에 놀라고 올케가 기다려 주고 응원해 준 것에 감사했다. 조카는 느리긴 했지만 혼자 힘든 길을 가면서 공부 내공을 쌓은 것이다.

"이제 어떻게 공부해야 하는지 알겠어요"라는 조카의 말에는 자신이 풀어야 하는 공부법 문제를 해결했다는 의미가 들어있었다. 스스로 공부하면서 스케줄 작성, 오답 정리, 자신이 하루에 할 수 있는 공부량들을 조절하면서 문제해결 능력이 길러졌다. 문제해결 능력은 고민하고 선택하는 과정에서 얻어진 것이다.

실력이 향상된 조카는 혼자 하는 공부가 힘들지만, 천천히 가도 괜찮다고 생각하게 되었다. 혼자 힘들었던 시간이 없었다면 자신의 단점을 제대로 보지 못했을 것이다. 만약 조카의 단점을 올케가 지적했다면 더 힘들었을 텐데, 올케는 성적이 안 나왔던 상황에서도 좋은 점을 얘기해 주었다. 조카가 공부를 할 수 있게 된 것은 올케의 응원과 기다림이 있었기 때문이다.

조카가 중학교 1학년 때는 시험점수가 좋지 않았다. 산만하고 집중력이 약해 공부하는 것을 힘들어했다. 하지만 자신이 좋아하는 만들기를 하거나 그림을 그릴 때는 집중력이 좋았다. 조카는 자신이 좋아하는 인형 만들기를 시작했다. 인형을 만들려면 한 땀 한 땀 바느질하면서 집중력과 오랜 기다림이 바탕이 되는 것을 배웠다. 인형 하나를 완성할 때마다 집중력과 기다림도 같이 완성돼 갔다.

조카가 만든 인형을 주변에 선물하니 사람들이 "바느질 솜씨 좋다. 만드느라 고생했다. 예쁘다"라는 말을 듣고 자신감이 생겼다. 자신감을 가진 조카는 중2부터 공부하면 예고에 갈 수 있다는 희망을 품게 되었다. 예고 진학에 목표를 둔 조카는 그 뒤로 열심히 공부하기 시작했다.

엄마들은 빨리 결과가 나오길 원한다. 하지만 재촉은 아이를 힘들게 한다. 원하는 결과물이 안 나와도 아이를 기다릴 수 있어야 한다. 기다리면 아이가 가진 끈기, 버티기를 발견할 수 있다. 엄마들 대부분은 "우리 아이는 발견 할 수 있는 게 없어요"라고 말한다. 하지만 끈기나 버티는 것이 없는 아이도 자신이 좋아하는 것에는 관심을 보이고 재미있어한다.

아이가 관심을 보이는 것에는 "자기가 좋아하니까. 그렇죠"라고 하면서 넘기는 경우가 많다. 아이가 좋아하는 것을 충분히 즐기면 집중력이 향상되고 동기 부여가 된다. 아이가 좋아하는 것에 보이는 집중과 관심이 진짜 아이가 가진 힘이다. 좋아하는 것을 인정하고 맘껏 하게 하면 아이의 숨겨진 능력을 발휘할 기회가 생긴다.

아이는 멀리 보고 가르쳐야 한다. 엄마가 해야 할 일은 아이의 성적에 집중할 것이 아니라 아이가 좋아하는 것을 하게 하는 것이다.

아이가 신체장애이고 공부도 못하고 말도 안 듣고 그래서 세상 사람들이 다 내쳐도 그 아이를 아끼고 사랑하는 이 세상의 오직 한 사람, 그게 바로 엄마입니다. 〈야단법석〉 법륜

"우리 아이는 공부도 안 하지만 좋아하는 것도 없어요"라고 말하는 엄마가 있다. 모든 아이는 자신이 좋아하는 것이 있다. 좋아하는 것을 아직 발견하지 못했을 뿐이다. "좋아하는 것이 생길 때까지 기다려야 되나요?"라고 묻는 경우도 있는데, 아이가 어릴 때 자주 했던 것, 즐겁게 했던 것을 떠올리면 된다.

조카도 어릴 때 종이 한 장만 있으면 한참 동안 놀았다. 올케는 조카의 어릴 적 모습을 떠올리고 조카가 좋아하는 만들기, 그리기와 관련된 인형 만들기를 할 기회를 줬다. 조카는 인형 만들기를 통해 갖게 된 자신감으로 공부를 했다. 아이가 좋아하고 잘하는 것을 충분히 하도록 하면 동기 부여가 돼서 학습에도 긍정적인 자세를 갖게 될 것이다.

조카가 공부하게 된 계기는 목표가 생겼기 때문이다. 스스로 목표를 만든 아이는 자신이 할 수 있는 것들을 찾아갈 것

이다. 성취감을 느낀 아이는 목표를 점점 높게 가지게 되고 목표를 위해 도전할 힘이 생긴다.

스스로 만든 목표를 위해 도전하는 아이는 주체적인 삶을 살아가는 아이가 될 것이다. 아이가 목표를 만들 수 있도록 아이가 잘하고 좋아하는 것을 인정하는 것부터 시작하자.

산만한 아이 안의
집중 거인

✳ 아이가 10분, 15분 집중할 때 엄마가 "이야, 집중 잘하네"라고 반응하면 아이는 '아, 이런 것도 집중이구나'라고 알게 되고 집중이 어떤 것인지 배우게 될 것이다.

"선생님, 우리 애가 너무 산만해서 수업을 할 수 있을지 모르겠어요. 다른 학원에서도 산만해서 집중을 못 한다고 하더라고요."

아이를 걱정하는 엄마가 있었다. 하지만 수업을 해 보니 학생은 산만한 편이기는 하지만 문제가 될 정도가 아니었다. 수업하는 도중 잠깐이지만 집중력도 좋았다.

"형기(중1)야, 너 집중력 아주 좋은데."

"네? 전 맨날 집중 못 한다고 혼나는데요?"
"집중력이 엄청 좋아. 아까 30분 정도 집중한 것 같아. 30분 집중하면 엄청나게 잘한 거야."
"내가 집중한다고 칭찬받으니 좋네요."
"형기야, 30분이었지만 그 시간 동안 집중하는 게 너무 좋았어. 30분이 짧은 시간은 아니거든 30분이 40분 되고, 40분이 50분 되는 거야. 다음에 40분에 도전해 볼까?"
"네, 조금씩 늘리면 할 수 있을 것 같아요."

엄마들은 아이가 산만하면 걱정한다. 아이들은 호기심이 많아 이것저것 구경하느라 바쁘다. 엄마들은 구경하기 바쁜 아이에게 집중 못 한다고 혼낸다. 아이들은 뭔가에 집중하다가도 갑자기 주변에 관심을 두고 엄마를 정신없게 만든다. 엄마가 "너는 하라는 건 안 하고 또 뭐하니?", "넌 왜 가만히 있지 못해!"라고 하면 아이는 순간 말썽꾸러기가 되는 것이다.

아이의 산만한 행동을 가만히 살펴보면 집중 못 하는 것이 아니다. 산만한 행동 중에 짧게 집중하는 시간이 분명 있을 것이다. 아이가 10분, 15분 집중할 때 엄마가 "이야, 집중 잘 하네"라고 반응하면 아이는 '아, 이런 것이 집중이구나'라고 알게 되고 집중이 어떤 것인지 배우게 될 것이다.

"10분, 15분 집중으로 뭘 해요?"라고 반문할 수 있다. 학교에선 10분의 쉬는 시간에 화장실도 갔다 오고, 친구하고 잠깐 얘기할 수도 있다. 아이의 짧은 시간 집중이 1시간 집중의 효과를 줄 수도 있다. 엄마가 긍정적 반응을 보이면 점차 집중 시간을 늘려갈 수도 있다.

아이가 주의력이 부족하고 집중력이 떨어지면 걱정이 될 수 있다. 이런 아이들은 공부나 과제에 집중하기 어렵다는 단점이 있지만, 오히려 창의 영재가 될 가능성이 크다. 하나에 진득하게 집중하지 못하는 이유는 아이의 흥미를 끄는 것이 금방금방 바뀌기 때문이다. 이런 아이는 새로운 요소가 주변에 나타날 때마다 순식간에 포착하는 능력이 있다. 그러면 남들보다 더 많은 것을 느끼고 경험하게 되고, 폭넓은 상상으로 인해 엉뚱하고 색다른 아이디어를 낼 수 있는 가능성이 커진다. 〈틀 밖에서 놀게 하라〉 김경희

작은애가 초등학교 2학년 때였다.

"엄마, 나를 끈으로 의자에 묶어 주세요."
"왜?"
"의자에 앉아서 공부해야 하는데 제가 주변에 궁금한 것이 많아서 자꾸 돌아다녀 져요. 엄마와 같이 공부할 때는 움직

이지 않는데 엄마만 없으면 몸이 막 움직이려고 해요."

그래서 끈으로 묶어 줬더니 끈에 신경 쓰인다고 하면서 결국 풀어 버렸다. 아이는 책을 보면서 앉아 있어야 하는데 몸이 말을 안 듣는다고 했다. 나는 그 말을 듣고 웃으면서 "네가 앉아보려고 노력한 것만으로도 잘한 거야"라고 격려해 주었다.

작은애는 긍정적으로 말하면 호기심이 많고 부정적으로 말하면 산만했다. 나는 아이의 산만함보다 호기심 많은 것에 관심을 두었다. 그러면서 아이의 엉뚱한 말이나 행동에 반응했다.

"꽃에 관심이 많네? 꽃이 쳐다봐 준다고 기뻐하겠다."
"길 가면서 간판 그림도 살피니? 관찰력이 대단한데."
"조잘조잘하면서 말 잘하네. 설명하는 것을 잘하겠다."
"왜 그렇게 행동하니? 그런 행동 하니까 기분이 어때?"

아이는 나의 반응에 기분이 좋았는지 "엄마, 엄마는 내가 그렇게 좋아요? 엄마가 그렇게 말하니까 신나요"라고 하면서 기뻐했다.

가끔 작은애는 놀다가 갑자기 벌떡 일어나 주위를 돌아다녔는데 산만함이 호기심으로 바뀌면서 "엄마, 이 장난감이 랑 비슷한 것 찾아봐도 돼요?"라고 물어봤다. 그럴 때 난 "너는 그걸 보면서 어떻게 다른 물건이 생각났니? 하나를 보면 다른 것도 생각할 수 있다니 멋진데!"라고 반응했다.

그러면 아이는 씽긋 웃으면서 다른 방으로 갔다. 아이는 다른 방으로 가면서 내가 자신을 계속 보고 있는지 안 보는지 힐끔거리며 나의 시선을 확인했다. 나는 아이의 행동을 자유롭게 하면서 행동에 대한 반응을 항상 보여줬다.

작은애가 엄청난 집중력을 발휘했을 때는 고2 말에 육군 부사관 시험을 준비할 때다. 혼자 힘으로 하는 공부여서 독한 마음으로 했다. 그동안 안 했던 공부를 한꺼번에 몰아서 하듯이 하루에 10시간씩 공부했다. 초등학생 때 집중력이 약하다고 생각했던 아이는 10시간 넘게 공부를 하는 자신에게 뿌듯함을 느꼈다.

"어떻게 열 시간이나 공부할 수 있었니?"
"해야 하니까요."
"그런 마음이 어떻게 들었니?"
"그동안 엄마가 공부에 강압적이지 않았으니까요. 학교나 밖에서는 제가 마음대로 할 수 있는 것이 없었지만 집에서는 언제나 제가 마음대로 선택할 수 있는 상황을 만들어 주셨잖아요. 그래서 이번에는 제가 공부를 선택한 것이어서 할 수 있었던 거예요. 평소에 풀어주니까 필요할 때 앉을 수 있었어요. 저를 믿어준 엄마에게 제가 더 감사하죠."

아이가 산만하다고 생각하거나 왔다 갔다 하면 혼내기 전에 아이에게 물어보자. 물어볼 때는 추궁하듯이 묻지 말고 엄마가 네 행동이 궁금하다는 진심을 담고 물어봐야 한다. 아이는 엄마한테 말을 하지 않고 자기 생각대로 행동하기 때문이다.

"왔다 갔다 하는 이유가 뭐니? 지금 뭐가 필요해서 움직이는 거니?"라고 엄마가 먼저 물어보자. 아이는 엄마가 물어보는 말에 대답하고 엄마가 다시 반응하면 자신의 정보를 수집하고 제공 받을 기회가 생긴다. 아이와 엄마의 이런 상호작용은 산만한 아이를 호기심 많은 아이로 변화시킬 것이다.

4

대화의 기술, 관계가 좋아지는 대화

아이가
선택하게 하기

✱ 아이에게 물어볼 때 어른 말로 물어보지
말고 아이말로 물어보면 된다. 엄마들은
아이의 말을 안다.

"저는 어린이집을 큰애가 선택해서 다니게 했어요."
"어린아이가 어린이집을 결정할 수 있어요? 어린이집을 결정하고 '여기 다니자' 하니까 '예'하고 다닌 거 아니에요?"

엄마들과 이야기 중에 큰애가 어린이집 선택한 것을 알고 보인 반응이다. 큰애가 처음 다닌 어린이집은 내가 선택해서 보냈다. 지인이 어린이집을 개원해서 보내게 됐다. 일주일 정도 어린이집을 다닌 큰애는 갑자기 어린이집을 안 가겠다고 했다.

'어린이집에 왜 가기 싫지?', '어린이집이 처음이니까 어색하고 적응하기 힘든가?', '가기 싫다고 해서 안 보내면 버릇이 나빠질 수 있으니까 달래서 보낼까?'라는 수만 가지 생각을 했다. 나는 아이가 얘기 한 것도 의사 표현이니까 아이의 이야기를 들어봤다.

큰애의 말에 의하면 어린이집에 들어가는 담이 높고 골목이 무섭다고 했다. 큰애가 어릴 때는 겁이 많은 편이었다. 어른 시각에서 보면 그늘지고 비좁은 골목이지만 서너 발자국만 걸어 들어가면 되는 어린이집이었다. 그 정도 골목을 무서워한 것이다.

나는 "골목이 뭐가 무섭니. 몇 번만 걸으면 들어가는 곳인데. 에구, 네가 그 정도에 겁을 먹으면 어떻게 세상을 살아가니. 극기 훈련 겸 그냥 다녀라"라고 하고 싶었지만, 아이에게 "그래, 어둡고 무서웠구나"라고 반응했다.

큰애는 내가 자신의 감정을 인정해 줘서 용기가 생겼는지 "어린이집이 무서운 거 또 있어요"라고 했다. "선생님이 친구들 혼낼 때 목소리가 너무 커서 무서워요"라고 했다. "아이고, 요 녀석아, 혼낼 때는 당연히 목소리가 크지. 혼낼 때 안 무서운 사람도 있니? 그런 것도 견디면서 크는 거야"라고 하지 않고 아이 감정을 인정해 줬다.

"선생님이 친구 혼낼 때 너는 어떻게 했어?"라고 물어봤다. "선생님을 안 보려고 다른 곳으로 가거나 고개를 숙였어요"라고 대답했다. '정말 무서웠구나'라는 생각이 들었다. '그래도 그 무서움을 견디고 다녀 보려다가 안 되니까 말한 거구나'라는 생각이 들어 안타까웠다. 그래서 어린이집을 안 가기로 했다.

아이는 내가 자신의 마음을 알아주고 어린이집에 안 가도 된다고 생각해서 긴장이 풀렸는지, 그날은 벌써 뛰어놀아야 할 아침 시간에 잠을 잤다. 어린이집 이야기가 잠잠해질 때쯤 큰애에게 다른 어린이집을 가자고 하니까 안 가겠다고 했다. "그럼 엄마하고 같이 어린이집 다니면서 네가 직접 선택해 봐"라고 했다. 동네 어린이집을 큰애하고 손잡고 몇 군데 돌아보고 나서 한 곳을 선택하게 했다.

엄마들은 "아이가 선택하게 하면 앞으로 자기 멋대로 살 수 있잖아요?"라고 반문할 수 있다. "자기가 하고 싶으면 하고, 하기 싫다고 안 하면 어떻게 해요?"라고 걱정할 수도 있다.

나는 아이에게 "네가 어린이집을 선택해 봐"라고만 했다. "네가 생각해서 싫으면 안 가도 돼"라는 말은 하지 않았다. 어린이집에 가기 힘들어했던 아이에게 "싫으면 가지 마"라고 하면 가기 싫어할 이유만 찾게 될 것 같았다. 나는 큰애랑 어린이집을 방문하면서 "어린이집에 처음 들어갔을 때 네 느낌은 어땠니? 이 어린이집은 뭐가 좋아 보이니?"라고 하면서 대화를 했다.

　어린이집을 전부 본 후 돌아봤던 어린이집에 대해 하나씩 이야기한 것이 아니다. 한 곳을 방문하고 나오면 다음 장소로 이동할 때 걸으면서 물어봤다. 한꺼번에 물어보면 아이는 여러 곳을 기억하지 못하기 때문에 선택의 폭이 좁아진다.

　어린이집을 선택할 때 아이의 좋지 않은 기억을 떠올릴까 봐 싫은 점은 묻지 않았다. 어린이집의 좋은 점을 이야기하면서 아이의 마음을 들여다보게 했다. 아이가 자신의 마음을 잘 아는 것도 필요하기 때문이다.

　그렇게 몇몇 어린이집을 방문하면서 아이가 어린이집 하나를 선택했다. 선택한 어린이집은 햇볕이 잘 들어오는 곳이었다. 아이는 자신이 판단하고 선택한 어린이집에 다니는 것을 뿌듯하게 생각했다.

　"'너는 어떤 마음이 드니? 어떤 생각이니?'라고 물어보면 대답해요?"라고 엄마들은 물었다. 내가 큰애한테 물었을 때 아이는 대답했다. 아이에게 물어볼 때 어른 말로 물어보지 말고 아이 말로 물어보면 된다. 엄마들은 아이의 말을 안다. 엄마가 아이와 "너는 어떤 마음이니? 네 생각은 어때?"라고 하면서 대화하면 아이는 자신을 들여다보고 판단할 힘이 생긴다. 자신을 들여다볼 줄 알고 판단할 줄 아는 아이는 책임감과 열정이 생긴다.

　텍사스 대학의 윌리엄 B. 스완 교수는 초등학교 3학년생들을 대상으로 연구를 하였습니다. 아이 중 1/2에는 가지고 놀고 싶은 것을 선택하라고 하였습니다. 그리고 아이들에게 함께 그림을 그리자고 제안했더니 아이들은 스완 교수의 의견에 따라 그림을 그리기 시작하였습니다. 그리고 나머지 1/2 아이들에게는 스완 교수가 선택권을 주지 않고 처음부터 그림을 그리라고 지시하였습니다. 5분 정도 지난 후 "그리기 시간은 끝났지만, 너희가 원하는 놀이를 더 하다가 교실로 들어갈 수 있어"라고 하였습니다. 그런데 처음에 어떤 놀이를 할지 활동을 선택하였던 아이 중 80%는 자유시간 동안 다시 그림을 그렸습니다. 한편 처음부터 그림을 그리라고 지시받았던 아이들은 자유 시간에 그림을 그린 아이가 20%밖에 되지 않았습니다. 초등학교 3학년 학생들은 그림을 그리라는 지시 때문에 그림 그리기 활동에 대한 흥미가 매우 낮아졌습니다. 이렇게 모든 활동에서 아이들은 자신에게 선택권이 주어졌을 때 몰입하고 열정적으로 활동하게 된다는 연구 결과가 있습니다. 〈광주드림〉 김경란(광주여대 유아교육과 교수)

　아이는 자신의 생활에서 선택할 수 있는 기회가 별로 없다. 아이가 자신의 수준에서 판단하고 선택할 기회를 얻으면 인정받는 기분이 든다. 그러면 아이는 자신의 삶에 보람을 느낀다. 아이가 어릴 때부터 자신의 감정을 바라볼 줄 알고 스스로 선택할 기회를 가지면 자신의 생활을 주체적으로 계획할 수 있다.

그리고 아이는 커가면서 자신에게 일어나는 상황에 대해 객관적으로 판단할 수 있는 능력을 얻게 된다. 그리고 주변 사람들이 문제를 해결하는 데 도움을 줄 수 있는 사람이 된다.

얼마 전 큰애 친구가 큰애에게 군대와 대학 진로에 관한 고민을 털어놓았다. 친구는 대학 2학년에 진학하지 않고 자퇴를 하고 군대에 가겠다고 했다는 것이다.

이 말을 들은 큰애는 친구에게 "지금 네 마음은 어때? 자퇴를 생각한 원인이 뭐니? 어차피 군대 가면 자퇴한 거나 마찬가지잖아? 일단 군대 갔다 와라. 군대 갔다 와도 학교 다닐 마음이 없으면 그때 자퇴해도 되지 않겠니? 군대 가면 어차피 학교 안 가니까 학교에 대한 네 마음을 생각해 보는 것도 좋을 것 같아"라고 친구에게 이야기해 줬다고 한다. 친구는 휴학계를 내고 입대하면서 큰애에게 생각할 시간을 갖게 하고 현명하게 결정할 경험을 하게 해 줘서 고맙다고 말을 전했다.

나는 큰애로부터 그 이야기를 듣고 어떻게 현명하게 조언할 수 있었냐고 물어봤다. 큰애는 어릴 때부터 스스로 판단하고 선택할 기회를 많이 경험해서 친구에게 얘기할 수 있었다고 했다. 어떤 일을 결정할 때 자신에 대한 믿음으로 최선의 상황과 최악의 상황을 생각하게 된다고 했다.

엄마들은 아이가 스스로 선택할 줄 아는 주체적인 삶을 살기 바란다. 엄마들이 아이에게 바라기 전에 아이 스스로 할 기회를 많이 주었는지, 답답해서 아이보다 엄마가 먼저 움직이는 건 아닌지 생각해 봐야 한다.

아이가 어릴수록 통제할 수 있어 엄마가 판단해서 행동하는 것이 옳고 빠르게 느껴진다. 어릴 때 선택권이 없던 아이는 커갈수록 인생 고민에서 흔들린다. 어릴 때 느리고, 실수하더라도 선택하는 경험치가 쌓이면 아이의 주체적 삶은 흔들림이 없을 것이다.

아이의 의견 물어보기

✽ 엄마가 엄마의 의도를 전달하면서 아이의 생각을 물어보면 아이는 생각해보고 자신의 행동을 결정하게 된다.

아침에 고등학생인 아이를 깨울 때마다 실랑이한다고 하소연하는 친구가 있었다. 아이에게 "일어나라"고 하면 잘 일어나지 않아 결국 아이는 아침밥도 제대로 못 먹고 허둥지둥 학교에 간다고 했다. 그래서 매일 아침 일어나는 문제로 아이와 냉전이라고 했다. 나는 아침에 아이들을 깨울 때 실랑이한 적이 없다고 하니 친구는 놀랐다.

나는 매일 아침 아이들을 깨울 때 방을 왔다 갔다 하면서 인기척을 느끼게 하거나 음악을 틀어 깊은 잠에서 깨게 했다. 아이가 몸을 움직이면 "지금 7시인데 일어날 수 있겠니?

10분 후에 깨울까?"라고 물어본다. 그럼 아이들은 잠결에 "네"라고 대답한다. 약속한 시각이 되면 아이에게 다가가 몸을 흔들며 "약속한 시각이 되었는데 일어날 수 있겠니? 잠은 잘 잤어?"라고 물어본다. 그러면 아이는 자신이 대답한 것에 대한 약속을 지키듯이 일어난다.

어떨 때는 아이가 몸을 뒤척이면 안마를 해주었다. 안마해주면서 "이불 속에 있으니까 기분 좋지? 안마해주니까 시원하지?"라고 하면서 깨우기도 한다. 내가 여유롭게 아이들을 깨우려면 조금 더 일찍 일어나야 한다. 그래야 마음 급하지 않게 아이에게 좋은 말로 인사할 수 있기 때문이다.

나는 한 번도 아침에 아이들을 깨울 때 "야, 일어나. 지금 시각이 몇 신데 아직도 자냐!"라고 언성을 높인 적이 없다. 아침에 명령하는 목소리로 깨우면 아이가 잠에서 깰 때 기분이 안 좋을 것 같아서 항상 의도적으로 부드러운 목소리로 물어보면서 깨웠다.

아이를 깨울 때 "일어날 수 있겠니?"라고 생각을 물어봐주면 일어나라는 엄마의 의도는 이미 전달된 것이다. 물음에 대한 답은 아이가 쥐고 있다. 아이가 스스로 일어나면 "엄마가 별말 안 했는데 일어났구나"라고 하고, 아이가 좀 늦게 일어나면 "오늘은 일어나기 힘들었구나"라고 말하면 된다.

내가 어릴 때 외가댁에 가서 잠을 잔 적이 있다. 아침 일찍 밭에 나가시는 할아버지는 나를 깨우셨다. "일어나라. 일어나라"라는 잠결에 들리는 할아버지 목소리는 집이 울릴 정도로 큰 목소리였다.

할아버지의 큰 목소리와 명령하는 말투 때문에 잠에서 깬 나는 얼떨떨했다. 그래서 나는 아이들을 깨울 때 기분 좋게 일어나라는 의미로 일어날 수 있는지 물어보는 것이다.

이불 속에서 나오기 전 잠깐은 행복을 느낄 수 있는 시간이다. 하지만 일어나라고 명령하면 잠깐의 행복을 느낄 기분이 사라지고 만다. 하지만 엄마가 아이에게 "일어날 수 있겠니?"라는 물음으로 시간적 여유를 주면 아이는 이불 속에서 기지개를 켜면서 행복을 느끼고 기쁜 마음으로 일어날 수 있다.

"아침 시간이 바쁜데 그럴 여유가 어디 있어요?"라고 반문할 수 있다. 물론 아침 시간은 바쁘다. 하지만 엄마가 조금 빨리 일어나면 된다. 나는 짧은 아침 시간이지만 아이와 충분히 소통할 수 있다고 생각했다. 나도 아침 일찍 학교 0교시 수업 때문에 출근했었다. 그래도 아침을 웃으면서 시작하면 나와 아이들 모두 마음 편한 하루가 될 것으로 생각해서 부지런히 움직였다.

나는 일상생활에서도 아이의 생각을 많이 물어봤다. 밥 차릴 때는 "엄마가 7시쯤 저녁 차릴 건데 그 시각 괜찮니? 엄마는 저녁 시간이 6시밖에 안 되겠는데 그때 저녁 차려도 되겠니?"라는 질문을 했었다.

  작은애가 중학교 때였다. 아이가 학교에 갈 준비를 하다 보니 지각할 상황이었다. 나는 "그렇게 천천히 챙기면 지각할지 뻔히 알면서 그랬냐!"라고 소리치고 싶었지만 싸움이 될까 봐 참았다.

"지금 학교 가면 지각할 것 같니?"
"네."
"지각하면 어떻게 하는데?"
"벌 받겠죠."
"그럼 그 벌은 감수 할 수 있겠니?"
"몸으로 하는 것은 감수할 수 있어요."
"지각하는 것은 잘못한 거지만, 오늘 처음 지각하는 거니까 몸으로 감수해 봐라."

  그날 저녁 작은애는 다음부터 지각하면 안 되겠다고 했다. 지각해서 교문에서 벌 받았는데 창피했다는 것이다. 다음날부터 지각은커녕 학교에 더 일찍 갔다.

"엄마, 저랑 얘기해요."

"응, 왜?"

"엄마, 저한테 말할 때 의견을 물어보는 말로 해주시면 안 돼요?"

"응? 엄마는 너희한테 많이 물어보는 편이라고 생각하는데 아니었니?"

"많이 물어봐 주시긴 하죠. 그런데 공부에 관한 얘기를 할 때 조금 명령형처럼 들렸어요."

"그게 무슨 말이야? 다른 엄마들보다 그래도 엄마는 이 정도면 괜찮은 거 아니니?"

"괜찮은 엄마니까 조금 더 괜찮아지면 좋죠."

이 말을 듣고 놀랐다. "나처럼 너희한테 잔소리 안 하는 엄마도 없어. 여기서 더 물어보라고? 내가 성인, 군자도 아니고, 엄마가 그 정도도 말 못 하니? 다른 엄마들 좀 보고 얘기해"라고 말하고 싶은 마음이 굴뚝같았지만, 큰애가 엄마는 이미 괜찮은 사람이라고 인정해 줘서 투덜거리지도 못했다. 나는 이날 이후로 공부에 관한 관심까지 질문으로 하는 엄마가 되었다.

엄마가 엄마의 의도를 전달하면서 아이의 생각을 물어보면 아이는 생각해 보고 자신의 행동을 결정하게 된다. 엄마의 의도가 바탕이 되었지만 아이는 자신의 행동에 결정권을 가질 것이다. 결정권을 가진 아이는 자신의 행동에 책임을 진다.

  만약 자기 일이 잘 안 풀릴 때도 불평을 하지 않고 노력해 보려고 할 것이다. 어릴 때부터 행동에 결정권을 갖고 주도적으로 행동한 아이는 자신의 삶을 주체적으로 살아갈 것이다.

아이 감정을
　　표현하게 하기

※
아이가 자신의 감정을 말하면 그 감정이
엄마 생각과 달라도 일단 존중해줘야 한다.
아이가 이야기를 한다는 것은 엄마한테
감정을 표현하려는 것이다.

　나는 아이를 자주 안아준다. 말로 표현하는 것보다 안아주는 것이 아이가 엄마의 마음을 더 느낄 것 같아서이다. "엄마, 저도 많이 안아주세요. 엄마는 맨날 동생만 많이 안아 주잖아요" 큰애가 초등학교 3학년 때 한 말이다.
　나는 깜짝 놀랐다. 아이들을 항상 똑같이 안아줬는데 큰애가 느끼기에는 안아주는 것이 부족했다고 생각한 것이다. 나는 어떤 점이 부족한지 큰애에게 물어봤다.

"동생만 많이 안아준다고 생각했구나? 엄마는 너와 동생을 똑같이 안아준다고 생각했어. 네가 생각할 때 동생만 많이 안아준다고 느낀 이유가 뭐니?"

"동생을 안아줄 때는 시간이 좀 긴 것 같고, 동생이 엄마 품 안에 쏙 들어가는 느낌이에요."

"그래? 동생보다 너를 안아주는 시간이 짧다고 생각했구나. 앞으로는 네가 만족할 때까지 엄마가 안아 줄게. 그리고 엄마 품 안에 안기는 느낌이 들게 하려면 네가 달려오면서 안기면 되겠다. 그렇지? 그리고 네가 느끼는 기분을 엄마한테 잘 표현해 줘서 엄마가 너를 어떻게 안아줘야 할지 알겠어. 고마워."

큰애와 작은애는 18개월 차이 나는 연년생이다. 동생이 태어난 날부터 18개월인 큰애는 형 노릇을 했다. 동생이 울면 앞에서 딸랑이를 갖고 달래기도 했다. 작은애가 초등학교에 입학한 후에는 2학년이 된 큰애가 1학년인 작은애를 데리고 학교에 다녔다.

큰애가 어릴 때부터 작은애를 보호해야 한다고 생각해서 자신의 감정을 표현하지 않았던 것이다. 큰애는 어린 나이에 형의 책임감을 느꼈다. 나는 큰애가 "엄마, 나도 많이 안아주세요"라고 말을 했을 때 자신의 감정을 솔직하게 표현한 것을 칭찬했다.

그렇게 감정을 표현한 후 품에 쏙 들어오는 큰애를 "엄마, 아파"라고 할 정도로 있는 힘껏 안아줬다. 이렇게 의도적으로 안아주기 시작하니 큰애는 만족해했다.

CNN은 2019년 5월 미국 오리건주 포틀랜드 파크로즈 고등학교에서 산탄총으로 총기 범행을 벌이려 했던 학생을 포옹으로 진정시키고 범행을 막은 풋볼 코치 이야기를 전했다.

안아주기는 아이에게 안정감을 느끼게 해주고 건강한 자아를 갖게 해준다. 처음부터 안아주기가 힘들면 손을 잡거나 툭 치는 등의 가벼운 접촉부터 시작하면 자연스러워진다. 아이가 처음에는 쑥스러워 싫다고 할 수 있다. 엄마가 자꾸 안아주면 마지못해 안기는 척하지만, 속으로는 기뻐한다.

몸은 누군가와의 접촉만으로도 행복 호르몬인 세로토닌이 분비된다. 세로토닌은 스트레스를 줄이는 데도 효과가 좋다. 엄마와 아이의 몸 접촉은 행복을 증가시키고 스트레스를 줄일 수 있다.

"아이가 학교에서 올 시간이 되면 가슴이 두근거려요. 아이와 자주 말다툼을 했는데 아이가 오면 무슨 말을 할까? 아이 말에 어떻게 반응할까? 고민이 돼요."

"지금은 어머님이 힘드시니까 우선 어머님이 편해지는 것이 먼저예요. 뭘 가장 하고 싶으세요?"

"아이와 멀어지는 것 같고, 아이도 힘들어하는 것 같아 뭘 해주고 싶은데 그게 뭔지 모르겠어요. 뭘 어떻게 해야 할지 모르니까 더 답답한 것 같아요."

"뭘 해야 할지 모를 때는 그냥 가만히 계시라고 하면 그건 더 힘드시겠죠? 아이와 접촉을 해 보세요. '오늘 잘 갔다 왔어?'라고 하면서 멋지게 어깨를 '툭' 치세요. 그러면 어머님을 옆 눈으로 보겠죠. 그래도 그다음 날도 계속하세요. 그러면서 아이에게 다가가는 겁니다. 아이와 접촉을 하다가 기회를 보면서 손도 잡아보고 안아주세요. 안아 줄 때는 어머님의 마음을 담아서 힘껏 요. 아이는 먼저 다가오지 않아요. 다가오는 방법을 모르거든요. 어머님이 용기를 내서 먼저 다가가세요. 차분한 말로 아이에게 어머님의 마음을 솔직하게 표현하세요. 그럼 아이도 표현할 겁니다."

중학생 아들과 갈등 때문에 답답해하는 엄마와 얘기한 내용이다. 그 후 학생 엄마는 학생과의 관계를 얘기해 줬다. 아이와의 관계를 위해 자신의 용기가 많이 필요했다는 것, 아이와 관계 개선을 위해 노력하는 도중에 포기하고 싶었던 것, 안아주기는 효과가 좋았다는 것들이다. 지금은 중학생 아들이 마음의 문을 열고 이야기한다고 했다.

큰애가 한창 사춘기를 겪을 때 일이다.

"엄마, 오늘은 제가 기분이 이상해요. 그러니 제가 오늘 화내도 엄마가 이해해 주세요."
"알았어. 그런데 네가 느끼는 이상한 기분은 언제쯤 풀릴 것 같아?"
"잘 모르겠지만 한 시간 내로 감정을 정리해 볼게요."
"그럼 한 시간 후에 보자."
"한 시간 지났는데 괜찮니?"
"네, 아까보다 좀 괜찮아요. 그런데 가끔 이런 기분이 들어요. 정말 나쁜 기분인데요. 뭔가 스멀스멀 올라오는 것 같은 느낌이에요. 이럴 때 엄마와 얘기하면 화낼 것 같았어요."
"그래? 변화를 느낀다는 건 네가 잘 자라고 있고 감정을 잘 조절해 보라고 하는 신호가 아닐까? 네가 기분이 이상하다고 느낄 때는 네가 느끼는 감정을 객관적으로 바라봐야 할 것 같아. 그래야 네가 감정에 휘둘리지 않고 감정의 원인을 네 안에서 찾을 수 있어. 감정이 10이라고 생각하고 당시에 네가 느끼는 감정을 수치로 생각해 봐. 얼마쯤 되는지. 그 수치에 따라 네 노력으로 해결할 수 있는 감정인지, 시간이 해결해 줄 감정인지 알 수 있을 것 같아. 그럼 오늘 느꼈던 감정을 수치로 생각해 본다면 얼마였던 것 같니?"

"숫자는 작았던 것 같아요. 가끔 느끼는 감정이라 심한 건 줄 알았는데 아닌 것 같아요. 이 정도 수치면 제가 금방 이겨 낼 수 있을 것 같아요."

나는 사춘기 아들에게 "너만 그러는 것도 아니잖아? 모두 겪는 시기인데 잘 이겨 내봐"라고 하지 않았다. 왜냐하면, 그 말을 들은 아이는 '그래, 이겨낼까? 나만 그러는 것도 아닌데'라고 생각하지 않는다. 오히려 어떻게 이겨야 할지 몰라 답답해할 수 있다.

답답해하는 아이에게 하는 엄마의 말은 화를 내게 하거나 짜증을 내게 해서 서로의 감정이 더 나빠질 수 있다. 나는 사춘기 아들이 자신을 관리할 줄 아는 아이로 자라길 바라며 감정을 수치화하는 대화를 했다.

나와 만났던 유정(중2)이는 자신의 감정을 잘 알아주지 않는 엄마 때문에 속상해했다. 나는 유정이에게 "집에 가면 엄마한테 네 감정을 솔직하게 얘기하고 방에서 좀 쉬겠다고 말해 봐. 나도 아들이 그렇게 말해 주니까 아들의 기분이 이해되더라. 아마 너희 엄마도 그렇지 않을까?"라고 했다. 얼마 후 유정이에게 어떻게 됐냐고 물어보니까 엄마한테 혼만

났다고 한다.

  내가 말한 것처럼 "저 오늘 기분이 이상한데 방에 들어가서 쉬고, 나와서 얘기해도 될까요?"라고 하니까 엄마가 이해는커녕 둘이 말싸움만 했다는 것이다. 그러면서 "감정이고 뭐고 앞으로는 엄마한테 얘기 안 할래요"라고 했다.

  유정이가 엄마한테 자신의 감정을 말했을 때 엄마가 그냥 짧게 "응"이라고 했다면 유정이는 존중받았다는 느낌이 들었을 것이다. 아이가 자신의 감정을 말하면 그 감정이 엄마 생각과 달라도 일단 존중해줘야 한다. 아이가 이야기를 한다는 것은 엄마한테 감정을 표현하려는 것이다.

  친구들은 나에게 아들들이 사춘기 때 다투지 않고 어떻게 잘 지냈냐고 물어본다. 나도 사람인지라 아이들과 다투기도 했다. 단지 감정적으로 큰 언쟁이 없었을 뿐이다. 아이들의 행동이 모두 나의 마음에 들 순 없다. 또한, 나의 행동이 모두 아이들 마음에 들 수 없다. 서로의 마음속 감정을 이야기하면서 이해하는 것이다.

그냥 들어주기

✳ 아이가 말을 안 해도 아이의 얼굴 표정, 몸짓을 보면서 엄마는 대화할 수 있다. 엄마는 '아이가 말을 하게 해야지'라는 목적을 갖고 아이를 바라보기 때문에 더 답답하게 생각하는 것이다.

"선생님, 아이가 집에 오면 말을 안 해서 무슨 생각을 하는지 모르겠어요. 제가 애를 잘못 키웠나 봐요."

엄마의 가장 큰 고민은 아이와 소통이 안 되는 것이었다. 대화하려고 해도 아이가 아무 말도 안 하니 답답해했다. 아이의 말을 듣고 싶어 준상(고1)이에게 물어봤다.

"집에 가면 엄마랑 얘기 잘하니?"
"별로 안 해요."

"왜 엄마랑 얘기를 안 하니?"

"엄마랑 할 얘기도 없고 맨날 같은 말만 하잖아요. 대화하자고 해 놓고 결국은 엄마가 원하는 대로 해야 하는데요. 말할 때마다 답답해요. 말을 안 하면 말 안 한다고 혼내고 말을 하다 보면 결국은 싸움으로 끝나는데요. 말을 안 하는 게 편해요. 어차피 제 마음은 알아주지 않을 건데요."

이렇게 엄마와 아이는 동상이몽 상태로 지내고 있다.

〈십대라는 이름의 외계인〉에서 십대 아이들이 얘기를 안 하는 것은 아이들의 문제가 아니라고 한다. 그래서 어릴 때부터 대화를 많이 하는 것이 중요하다고 한다. 아이가 어릴 때는 말도 잘 듣고 대화가 잘 돼서 문제가 없었다. 하지만 아이가 크면서 말을 안 듣기 시작한다.

아이가 먼저 이야기를 시작하든, 엄마가 먼저 이야기를 시작하든 엄마와 아이가 처음부터 싸우는 것은 아니다. 이야기하다가 싸우게 되는 것이다. 엄마는 아이가 말을 안 한다고 하지 말고, 아이의 말을 들을 준비가 돼 있어야 한다. 그리고 설령 엄마가 원하는 대답을 하지 않아도 아이의 말과 감정을 그냥 들어줘야 한다.

대화가 잘되지 않는 상황에서는 "엄마가 1% 바뀌면 아이는 100% 바뀐다"라는 홍양표 교수의 말처럼 엄마의 자세가 중요하다. 아이가 말을 안 해도 아이의 얼굴 표정, 몸짓을 보면서 엄마는 대화할 수 있다. 엄마는 '아이가 말을 하게 해야지'라는 목적을 갖고 아이를 바라보기 때문에 더 답답하게 생각하는 것이다. 아이가 말을 안 할 때는 안 하고 싶은 마음도 인정해 줘야 한다.

아이의 말을 그냥 들어 주려면 아이의 성향, 생활패턴, 사고방식을 알고 있어야 한다. 엄마는 아이에게 피드백이나 조언이나 의견을 낼 필요가 없다. 그냥 들어주기만 하면서 아이가 말할 수 있도록 아이의 말에 호응하면 된다. 아이가 엄마에게 조잘조잘하면서 자신의 이야기를 전부 해서 할 말이 없을 때까지 하도록 하면 좋다.

자기 이야기를 많이 함으로써 정신적인 배설물을 많이 쏟아낸 아이들은 정신적으로 허기를 느끼기 때문에 지적 호기심이 자란다. 이럴 때 아이들에게 주어지는 학습 내용은 마치 스펀지에 물이 흡수되듯이 아이들에게 스며들게 마련이다. <문제는 항상 부모에게 있다> 서광 스님

요즘 아이들은 친구에게 자신의 마음을 많이 이야기한다. 한 아이가 친구에게 "나 학교 다니기 싫어"라고 하면 친구들은 "때려치워", "자퇴해", "나도 다니기 싫어"라는 말을 한

다. 이 말을 들은 아이는 '아, 내 생각이 맞는구나'라며 자기 생각에 빠지게 된다.

아이가 "엄마, 나 학교 다니기 싫어"라고 하면 현실적인 엄마는 "의무교육인데 다녀야지, 너 뭐 하고 살려고 그래!"라고 말한다. 하지만 그냥 들어주는 엄마는 "학교에서 무슨 일 있었어? 요새 뭐 힘든 일 있니?" 등의 마음을 읽어주는 호응을 한다. 엄마가 호응하면서 대화하면 아이는 엄마에게 말을 안 할 때 허전해한다. 그러면 아이는 엄마에게 다 이야기하게 되어 있다.

아이는 자신이 학교에 다녀야 하는 것을 안다. 학교에 다니고 싶지 않다거나 학교가 싫다는 것은 학교생활이 힘드니 내 마음을 알아주라는 것이다. '그냥 들어주기'는 아이의 속마음을 알아주는 것이다. 아이가 "하고 싶지 않다. 힘들다"라고 할 때 표면적으로 나타나는 말에 반응하여 화를 내면 안 된다. 아이는 자신의 마음을 표현하는 것에 서툴다.

'엄마에게 이렇게 말하면 알겠지?'라고 생각해서 자신이 하고 싶은 말만 하다가 혼나는 상황이 반복되는 것이다. 혼나면 마음의 문을 닫고, 입도 닫는 악순환이 계속된다.

엄마는 아이가 말을 배우기 전에 아이의 반응에 따라, 아이의 욕구를 척척 해결해 주는 능력을 갖추고 있었다. 말을 배우기 전에 아이가 갑자기 울면 배가 고파서 우는 건지, 졸려서 우는 건지 엄마는 울음 하나로 파악을 했다. 아이의 울음으로 엄마가 아이의 상황을 알 수 있었던 이유는 아이를 잘 관찰해서이다. 엄마가 이제는 마음 표현이 안 되는 아이의 마음을 잘 관찰하여 공감할 때다. 그리고 역지사지의 마음으로 엄마가 듣기 싫은 말은 아이에게도 하지 않아야 한다.

옆집에 아는 분이 중학생인 작은애가 담배를 피우는 것 같다고 나에게 이야기 한 적이 있다.

"혁이야, 너 담배 피우니?"
"아니요. 왜요?"
"오늘따라 네 옷에서 담배 냄새나는 것 같아서."
"그래요? 옷에서 담배 냄새 안 나는데요?"
"엄마 코가 예민해서 밖에서 나는 냄새가 너한테서 나는 것처럼 느꼈나 보다."
"그런 거 같네요."
"근데 혁아, 네가 담배 피우게 되면 엄마한테 얘기해 줘라. 아들이 하는 행동을 엄마가 모르면 바보가 되는 것 같아서 그래."

이렇게 담배 사건을 마무리했다. 지인에게 들은 이야기가 있어 작은애가 의심스러웠지만, 평소에 얘기를 조잘조잘 잘하는 아이라 믿었다. 얼마 후 작은애가 흥분하면서 들어왔다.

"엄마, 엄마, 대박 사건."
"왜? 왜?"
"학교 끝나고 집에 오는 데 선배가 나한테 담배 펴보라고 했어요. 저는 무서워서 어떻게 할까 고민하다가 거절하고 한 대 맞자는 마음으로 안 피우겠다고 했어요. 그러니까 선배가 뭐라는 줄 아세요? '잘 생각했어. 나도 담배 끊으려고 하는 중이야!'라고 말했어요. 웃기지 않아요?"
"근데 거절할 용기가 어디서 나왔니? 자식, 멋지네."

이 사건으로 작은애를 향한 나의 의심은 해결되었다. 아이는 자신의 말을 믿어준 나를 신뢰하여 선태 이야기를 했던 것이다.

아이가 걸음마를 하기까지 부모에게 2만 5천 번의 칭찬을 듣는다. 아이가 초등학교 고학년이 되면서부터 아이에 대한 부모의 기대치도 함께 커지면서 칭찬은 급격히 줄고 잔소리만 는다. 〈카네기 자녀 코칭〉 어거스트 홍

아이가 커가면서 엄마의 관심은 공부가 큰 비중을 차지해서 아이가 커가는 과정은 관심 밖으로 밀려난다. "오늘 입은 옷 예쁘네! 오늘 기분 좋아 보이네! 오늘따라 키가 더 커 보이네!" 등 사소한 것에도 관심을 줘야 한다.

아이가 엄마에게 다가오거나 말을 하게 하려면 엄마가 먼저 다가가야 한다. 엄마는 아이의 마음을 읽어야 한다. 아이가 말을 안 하는 것은 마음 표현이 서툴러서, 말하면 다칠까 봐 자신을 보호하는 것이다. 이제부터 아이의 말을 호응하면서 그냥 들어주자.

아이 결정
존중하기

✱ 아이는 자신의 선택이 잘 될 거라는 기대로
한 행동이겠지만 잘 안 될 때도 있는 것이다.
그럴 때마다 엄마는 아이를 응원해 줘야 한다.

새벽 4시. 나는 공원으로 차를 몰고 갔다. 공원에서 운동하는 작은애를 잡으러 가는 것이다. 며칠째 중2인 작은애와 신경전을 치르는 중이었다.

"왜 이 시간에 나와서 운동이냐고!"
"운동도 시간 보면서 하나요? 제가 편한 시간에 하면 되는 거죠. 학교 갈 때 지각하는 것도 아닌데 뭐가 문제인데요?"
"운동선수 되는 게 얼마나 힘든데 그러냐? 선수 뒷바라지 해 줄 능력도 안 돼."

"운동선수 되는 거 힘든 거 알고요. 선수 뒷바라지는 안 해줘도 돼요. 제가 알바라도 하면서 하겠어요."

작은애가 갑자기 주짓수 선수가 되겠다고 한 날부터 매일 같은 말로 다툼이었다. 하루는 방 벽에 구멍이 생겼다. 작은애한테 물어보니 답답해서 벽을 쳤는데 벽에 구멍이 생겼다고 했다. 벽에 뚫린 구멍을 보며 '네 마음이 이렇게 답답할 정도로 운동을 하고 싶었구나'라고 생각했지만 허락하지 않았다. 운동하면 공부를 안 할 수 있다는 생각과 운동 뒷바라지에 들어가는 경제적 부담 때문이었다.

또다시 새벽에 작은애를 잡으러 공원으로 갔다. 이 시간에 아이가 공부하고 있었다면 나는 뭐라고 했을까? 아마도 "이 새벽에 일어나 공부하다니 대단하다"라며 칭찬했을 것이다. 새벽 4시에 하는 공부는 칭찬 들을 수 있는 행동이 되고 운동은 혼나야 하는 행동이 된 것이다. 운동선수가 되는 것을 반대하는 것도 '나의 일방적인 강요구나'라는 생각이 들었다. 집으로 끌려 들어온 작은애는 내 앞에 무릎을 꿇었다.

"주변 사람들이 모두 반대하고 나에게 뭐라 해도 엄마만 나를 믿어주면 괜찮아요. 엄마만 나를 믿어주면 나는 아무리 힘든 것도 해낼 수 있어요. 학창 시절에 한 번이라도 제가 좋아하는 일에 올인하는 삶을 살아 보고 싶어요. 엄마가 허락하지 않아도 우기면서 운동을 할 수 있어요. 하지만 엄마의 허락이 필요한 이유는 엄마의 응원을 받고 싶어서 기다린 거예요"라는 말에 너무 미안했다. 작은애를 잡아 온 그 새벽, 나는 운동을 허락했다. 아이에겐 무엇보다 나의 격려와 응원하는 눈빛이 필요했던 것이다.

작은애의 운동을 허락하고 도복을 사 줬다. 도복을 받자 "엄마가 운동을 허락한 것이 실감 안 나요"라며 작은애는 울었다. 체육관을 다니면서 체육관 청소도 자발적으로 할 정도로 열심히 생활했다. 한 번은 체육관에서 사용하는 물컵이 모자란다고 하면서 아이가 컵 사러 같이 가자고 할 때 따라갔다. 그때 아이는 행복해했다.

작은애는 자신이 선택한 운동을 정말 열심히 했다. 아이에게 이런 열정과 집중력이 있었나 할 정도였다. 하교 후 친구들과 어울리지도 않고 체육관에 가서 몇 시간씩 운동했다. 원래 운동신경이 좋은 아이라서 그런지 얼마 되지 않아 대회에도 참가했다. 첫 대회는 아쉽게 졌다.

"엄마, 한 번 당하니까 경기장 벽에 시계가 안 보였어요."
"그래? 그럼 다음 경기에는 시계만 보이면 되겠다."

"다음 목표는 시계 보이는 것으로 할게요. 연습할 때 자꾸 엎어치기 당해도 시계가 보이는지 봐야겠어요."

나는 "거봐라 경기가 그렇게 쉽니! 운동선수 되는 것이 네가 생각한 만큼 쉽지 않지? 그냥 열심히 한 것에 의미를 두고 그만해라!"라는 말을 하고 싶었다. 작은애는 첫 도전에 멋진 모습을 보여주고 싶어 했다. 하지만 생각만큼 결과가 좋지 않아서 나에게 미안해하는 작은애의 모습을 보자니 격려할 수밖에 없었다.

작은애는 첫 경기 실패 후 시합을 만만하게 보지 않는 자세, 경기에서 이기려면 온 힘을 다해야 하는 자세, 경기를 위해 모든 정신을 집중해야 하는 자세를 배웠다. 작은애는 다음 경기를 위해 더욱 열심히 했다. 그리고 다음 대회부터는 계속 이겼다. 고2가 되자 성인과 경기할 정도로 실력이 향상됐다.

경기에서 이길수록 자신감도 생겼다. 그리고 운동을 하면서 실력을 키울수록 겸손해졌다. 겸손함이 몸에 배갈수록 얼굴에 활기가 가득 찼다. 어느 날 작은애는 말했다.
"엄마, 운동하니까 제가 부끄러움도 없어지고 더 적극적으로 변하는 것 같아요."

"네가 달라졌다는 것을 아는 것도 잘하고 있다는 증거야."

"엄마가 혼내지도 않고 잔소리도 안 했지만 저는 부끄러움이 많아 적극적이지 못했어요."

"힘들었겠구나! 그래도 그동안 잘해왔어."

"아니요. 엄마가 잔소리를 안 해서 견딜 수 있었죠. 잔소리를 안 들으니까 제 행동이 잘못되지 않았다는 믿음이 있었으니까요."

작은애는 스스로 선택한 상황에서 자신을 성장시켰다. 운동하면서 경험했던 실패와 노력으로 도전의 기준이 생겼다. 어떻게 하면 실패하고 어느 정도 노력하면 성공한다는 자신만의 기준이 생긴 것이다. 그러면서 운동을 통해서 회복 탄력성을 몸으로 배웠다.

회복 탄력성이란 자신에게 닥치는 온갖 역경과 어려움을 오히려 도약의 발판으로 삼는 힘이다. 성공은 어려움이나 실패가 없는 상태가 아니라 역경과 시련을 극복해 낸 상태를 말한다. 떨어져 본 사람만이 어디로 올라가야 하는지 그 방향을 알고, 추락해 본 사람만이 다시 튀어 올라가야 할 필요성을 절감하듯이 바닥을 쳐 본 사람만이 더욱더 높게 날아오를 힘을 갖게 된다. 〈회복 탄력성〉 강주환 아이에게 공부 대신 운동에 올인할 기회를 주기로 마음먹은 것은 쉽지 않았다. 처음엔 악착같이 운동을 반대했다. 하지만 나의 믿음이 필요하다는 아이의 눈빛을 본 후 무조건 반대만 할 수 없었다. 아이가 하는 일에 반대했다가 내가 대신 아이의 인생 설계도를 짜 줄 수 있는 능력도 없었다.

아이가 내 말대로 살면 주체적이지 않고 내 말을 들었다가 안 되면 내 탓을 하게 될 수도 있다. 내가 작은애를 믿을 수 있었던 건 작은애가 한 선택에 대한 믿음이었다.

아이들은 자신이 선택한 것에 긍정적인 결과를 얻은 경험이 있으면 도전하는 것에 두려움이 생기지 않는다. 처음부터 잘하는 아이는 없다. 엄마와 아이의 선택이 다르더라도 아이의 선택을 엄마는 응원해 줘야 한다. 아이는 자신의 선택이 잘 될 거라는 기대로 한 행동이겠지만 잘 안 될 때도 있는 것이다. 그럴 때마다 엄마는 아이를 응원해 줘야 한다. 엄마가 해주는 응원의 말 한마디로 아이는 한 걸음씩 내디딜 힘이 생긴다.

큰애는 15개월에 처음 걸었다. 첫걸음을 하고 두 번째 걸음은 내딛지 않고 나의 반응을 살폈다. 내가 손뼉을 치고 기뻐하니까 웃으면서 한 걸음, 박수 받고 다시 한 걸음을 뗐다. 걷다가 넘어져도 박수를 받으니 씽긋 웃으면서 다시 일어서서 걸었다. 아이는 자신의 행동이 엄마에게 인정받을 때 한 걸음씩 앞으로 나가는 것이다.

 엄마는 손을 잡아줘야 할 때는 손을 잡아주고, 스스로 일어서길 기다려야 할 때는 기다려 주면서 아이의 조력자가 돼 줘야 한다.

과정을 칭찬하기

✲ 노력의 결과가 자기 뜻대로 될 수도 있고, 실패할 수도 있다. 하지만 자신이 원하는 결과물로 가는 과정에서 아이는 다시 태어나는 것이다.

작은애가 육군부사관 시험을 볼 때였다. 1차 시험에 합격하고 신체검사 받으러 간 날 힘없는 목소리로 전화가 왔다. 혈압 때문에 신체검사에서 부적합을 받아 재검을 받아야 한다는 것이다. 떨어질 거로 생각했던 1차 필기시험에 단번에 합격해서 기쁨을 느낀 것도 잠시, 전혀 예상하지 못했던 신체검사에서 떨어져 혼란스러웠던 모양이다.

작은애는 필기시험 합격 후 정말 열심히 체력 검사를 준비했었다. 매일 아침 5시 30분에 운동을 하고 학교로 갈 정도로 열정적이었다. 그러니 체력 검사를 준비하던 중에 알게 된 신체검사 부적합은 부사관 시험 탈락인 것처럼 아이에겐 충격이었다. 멍한 상태로 집에 돌아와서 방으로 들어가 한참을 울었다. 나는 작은애가 통곡하면서 우는 모습을 처음 보았다.

 "실컷 울어. 네 마음이 편해질 때까지. 네가 간절히 원했던 건데 마음 아프겠지."
 "엄마, 제가 공항에 어떻게 갔는지 비행기를 어떻게 탔는지. 집에 어떤 정신으로 왔는지 모르겠어요. 와 보니 집이네요."
 "그래도 아무 일 없이 집에 왔으니 다행이다. 집에 올 때까지 울음을 참기 힘들었을 텐데 집에 와서 우는 것도 대단하다. 오늘은 네가 힘드니까 힘든 마음을 좀 쉬게 하자. 그다음 일은 내일 생각하자. 잠들 때까지 엄마가 옆에 있어 줄게."

 나는 아이의 손을 잡고 잠들 때까지 옆에 있었다. 힘들어하는 아이에게 해줄 수 있는 것은 손잡아 주는 것뿐이었다. 다음날 새벽에 아이는 다시 운동장으로 나갔다.

 "혁이야, 엄마 깜짝 놀랐어."
 "왜요?"

"어제 힘들었을 텐데 아무 일도 없었던 것처럼 일어나 운동가니까. 엄마가 너였다면 실망감에 기진맥진했을 것 같아."

"엄마, 시험에 떨어질 때 떨어지더라도 열심히 하고 후회 없이 노력했다는 것을 저 자신한테 보여주고 싶어요. 그리고 최선을 다했다는 생각이 들 만큼 해 보고 싶어요."

아이를 학교에 데려다주는 차 안에서 나눈 얘기다. 나는 아이의 말을 듣고 울었다. 정말 고마웠다. 그동안 아이를 격려하고 응원했던 것들이 아이의 힘이 되어 자신에게 떳떳해지고 싶어 했다. 이번에 노력하지 않으면 자신은 앞으로 아무것도 할 수 없을 것 같다고 했다. 아이는 자신이 어느 정도까지 노력할 수 있는지 시험해 보고 싶다고 했다. 이번에는 남들이 평가하는 시험이 아닌 자신을 평가하는 시험을 보고 싶다고 했다.

작은애는 짧은 시간에 혈압 관리, 체력테스트, 면접 준비 세 가지를 한꺼번에 준비해 갔다. 내가 아이를 도와줄 수 있는 것은 격려와 혈압 관리를 위한 식단을 짜는 것뿐이었다.

"부사관 준비를 하면서 엄마는 이제까지 보지 못한 너의 모습을 보는 것 같아. 자기관리와 부지런함이 네 내면에 있었나 보다. 언제 네가 이렇게 컸니."

"저는 이번에 엄마에게 좀 다른 저의 모습을 보여줄 수 있어서 좋아요. 그리고 저의 이런 행동에 엄마가 크게 반응하니까 제가 정말 대단한 사람이 되어가는 것 같아요."

"새벽부터 일어나서 운동하고 학교 갔다 와서 또 운동하고 면접 공부하고 이런 일은 어른도 쉽지 않다. 엄마는 진심으로 놀랍다."

1교시 수업 시작 전까지 교실에 있어야 해서 작은애는 새벽부터 부지런해야 했다. 부지런히 움직이는 아이와 같이하면서 나는 아이가 잘하는 것, 노력하는 것을 구체적으로 이야기해 줬다. 내가 구체적으로 얘기하니까 아이는 '아, 내가 이런 것도 할 줄 아는구나'라는 생각을 하게 되었다고 한다.

아이들은 어떤 결과물을 위해 노력을 한다. 노력의 결과가 자기 뜻대로 될 수도 있고, 실패할 수도 있다. 하지만 자신이 원한 결과물로 가는 과정에서 아이는 다시 태어나는 것이다.

작은애는 육군부사관이 되기 위해 노력하면서 군인의 정신, 군인의 자세, 군인의 체력을 만들어 갔다. 평범한 학생이었던 아이가 군인의 모습을 갖추기는 쉽지 않았다. 아이는 일상생활에서도 '나는 군인이다'라는 생각으로 생활했다. 그래야 군인의 모든 것들이 몸에 배어 습관이 되면 시험도 잘

볼 수 있을 거라고 했다. 시험은 군인이 될 자격이 되는지 테스트하는 것으로 생각했다.

"뭐든지 노력하는 모습을 보이면 그 과정을 칭찬하죠. 그런데 잘하는 것도 없고 하려고도 안 하니까 과정 자체도 없어요"라고 말하는 엄마도 있다. 당연히 아이가 노력을 보이면 엄마도 어떻게 하면 아이가 잘할 것인지 생각할 수 있는 길이 보인다. 하지만 아이가 하지 않으려고 할 때나 아이의 잘못된 것만 보일 때도 엄마는 어제와 다른 아이의 오늘 행동에서 잘한 것을 봐야 한다. 엄마들은 아이의 결과만 신경 쓰기 때문에 아이가 노력하는 과정이 안 보이는 것이다.

아이가 준비물을 챙겨야 하는데 준비물을 잘 챙기지 못했을 경우 엄마들은 "얘가 뭐가 되려고 네 물건 하나 제대로 못 챙기니? 엄마가 뭐라 그랬어. 항상 물건을 잘 챙기고 다니라고 했지?" 등의 반응을 보인다.

아이가 준비물을 못 챙겼을 경우, 잘못한 것은 본인도 잘 안다. 아이가 잘못했을 때 혼내면 '내가 잘못했구나. 다음부터 잘해야지'라고 생각하는 것이 아니라 머릿속이 하얗게 돼서 아무 생각도 안 난다.

준비물을 못 챙겼을 경우 아이는 학교나 학원 선생님에게 따가운 눈초리를 받거나 혼날 수 있다. 아이는 이미 자신의 잘못을 지적받은 상황이고 절망적인 상태이다. 절망적인 상황에 엄마가 혼내면 아이는 무기력해진다.

준비물을 전혀 못 챙겼지만, 나중에 생각나서 얘기하는 경우는 "이제라도 생각나서 다행이다. 전에는 준비물 못 챙긴 거 기억도 못 하더니 오늘은 기억하네. 다음부터는 잘 기억하자"라고 말하면 아이는 '정말 이제라도 생각이 나니까 다행이다' 라고 생각할 것이다.

준비물을 다섯 개 챙기다가 세 개 챙길 경우는 "준비물을 다 챙겼으면 좋았지만 세 개라도 챙기니 잘했네!"라고 하면 '나는 맨날 실수하는 아이는 아니네? 그래, 이 정도면 괜찮았어. 다음엔 네 개를 챙기도록 해봐야겠다'라는 생각을 하게 된다.

아이가 잘한 것을 찾아서 칭찬하면 아이는 발전할 것이다. 잘한 것을 칭찬할 때는 막연히 "잘했네"라고 하는 것보다 구체적으로 무엇을 잘했는지 말하는 것이 좋다. 그리고 과정을 칭찬하는 것은 아이의 생각을 끌어내는 것이다.

피드백하기

✱ 아이가 세상에서 실패하면 아이는 가진 것도 없고 능력도 없으므로 엄마가 하나를 줘야 한다. 엄마가 줄 수 있는 것은 맛있는 음식, 격려, 산책, 용기 등이다.

"엄마, 제가 학교 다닐 때 공부를 안 했는데도 자존감이 높았던 이유를 아세요?"

"모르겠는데?"

"엄마가 저에게 항상 '넌 특별한 아이야'라고 해 주셔서 그래요."

"엄마가 볼 때 너는 공부를 안 했지만, 책도 잘 읽고 글을 잘 써서 정말 특별하다고 생각했어. 근거 없이 지어낸 얘기가 아니야."

"엄마가 특별하다고 해서 저는 특별한 것에 맞춰서 더 잘해보려고 자꾸 노력했던 것 같아요. 엄마가 특별하다고 하는데 밖에서는 제가 생각만큼 잘하는 느낌이 들지 않았어요. 그럴 때마다 엄마가 잘하고 있다고 하니까 잘해보려는 생각이 들었어요. 엄마가 의도한 건지 안 한 건지는 모르지만 지금의 저로 성장한 것은 엄마의 피드백 덕분인 것 같아요."

이 말은 22세가 된 작은애가 작년에 나에게 했던 말이다. 작은애는 자기 생각대로 사회에서 안 통할 때는 어릴 때 받았던 피드백의 영향으로 자신의 능력을 향상시키려고 노력한다고 한다.

엄마들은 "아이에게 특별하다고 하면 아이가 버릇없지 않을까요?"라고 묻는다. 아이가 어릴수록 피드백은 공부보다 일상생활에 관련된 것이 중심이 되어야 한다. 엄마는 피드백을 통해 아이가 스스로 할 수 있는 의지를 키워줘야 한다. 스스로 할 수 있는 의지는 공부 자부심보다 삶의 자부심을 먼저 품도록 해야 한다.

아이는 삶의 경험을 통해 인간관계를 배우그 자신의 목표가 생긴다. 만약 산만한 아이가 자신의 행동이 남에게 피해를 준다는 것을 알게 되었을 때 '다른 사람에게 피해가 되지 않게 해야겠다'라는 배움의 기회를 얻게 해야 한다.

옳은 삶의 가치관에 대한 피드백을 받은 아이는 자신이 받은 피드백에서 유사한 것을 유추해서 자신만의 가치관으로 만들어 간다. 엄마는 아이에게 밥을 먹여 주고, 옷을 입혀주는 것이 아니라, 스스로 밥 먹을 수 있는 의지, 스스로 옷 입을 수 있는 의지를 가질 수 있는 환경을 만들어 줘야 한다.

큰애가 초등 1학년, 작은애가 유치원 때 아이들은 실내화를 빨았다. 두 아들은 물장난도 하고 서로 놀면서 실내화 빠는 것을 즐겼다. 실내화 빠는 시간은 40분 정도 걸렸다. 그때 "빨리하고 나와라. 지금 몇 분 째니? 어휴 정신없어"라고 했다면 아이들 입장에선 잘하려고 했던 행동이 의도치 않게 잘못된 행동으로 인식하게 된다.

물론 실내화는 빠는 데 걸린 시간에 비해 그다지 깨끗하지 않았다. 내가 빠는 것이 시간상으로 효율적이고 깨끗하기도 하겠지만 아이들이 몸으로 실천하는 경험도 중요했다.

아이들은 긴 시간 끝에 실내화를 빨고 자신들이 해냈다는 기쁜 마음으로 베란다에 널었다. 그때 또 내가 깨끗하게 빨지 않은 실내화를 보고 "어휴 이게 뭐니? 다음부터는 빨지 마. 엄마가 다시 해야 하잖아. 일을 만들어요. 일을"이라고 하면서 아이들 앞에서 실내화를 다시 박박 빨았다면 아이들은 위축이 되어 나의 눈치를 봤을 것이다.

나는 아이들이 잠든 시간에 우렁각시처럼 다시 실내화를

빨고 아이들이 널었던 위치에 똑같이 널었다. 다음날 아이들은 마른 실내화를 보고 자신들이 "너무 깨끗하게 빨았네"라고 기뻐하며 실내화를 빠는 주말을 기다렸다. 아이들이 실내화를 빨면 빨수록 실내화 빨기 실력은 향상되었다. 그리고 실내화 빨기에서 자부심이 생긴 아이들은 운동화에 도전했다.

운동화는 생각보다 쉽게 않았지만, 그 후로 내가 아이들의 신발을 빨아본 적이 없다. 이렇게 아이들은 스스로 할 수 있는 것들을 찾아서 했다. 이처럼 아이들이 자신도 모르게 성공의 기쁨을 느끼게 하는 것도 우렁각시 피드백이다. 아이들이 일상에서 스스로 알아서 하는 행동은 자신을 관리하는 힘으로 발전한다.

나는 아이들이 실내화를 빨 때 아이들의 행동에 피드백을 해 줬다.

"너희들이 하겠다고 해서 엄마는 쉬어도 되겠다."
"오랜 시간을 들여 실내화를 빨아도 즐겁지 하네."
"실내화에 오랜 시간을 들이면서 하는 것을 보니 책임감과 인내력이 강하네. 너희는 뭐든 열심히 하겠다."
"실내화를 정말 깨끗하게 빨았네."
"실내화를 빨고 나서 뒷정리도 잘하네! 뒷정리할 생각을 어떻게 했어."

작은 성공을 경험한 아이들은 실수나 실패를 두려워하지 않고 오히려 실수나 실패를 통해서 자신을 되돌아보고 남들이 하지 못한 경험을 갖게 된다. 그리고 어릴 때 받은 피드백을 바탕으로 자기가 현재 처한 상황에 맞게 자기를 조합해 나간다.

어릴 때 피드백을 받지 못한 아이는 성장하면서 자신이 처한 상황에 어떻게 대처할지 몰라 당황할 수 있다. 하지만 엄마에게 올바른 피드백을 받은 아이는 그것을 기반으로 다시 올바른 판단을 하게 된다. 그렇기에 엄마가 아이에게 피드백할 때는 자신의 감정에 따라 주관적으로 피드백을 하는 것보다 객관적인 관점에서 피드백을 해줘야 한다.

아이가 세상에서 실패하면 아이는 가진 것도 없고 능력도 없으므로 엄마가 하나를 줘야 한다. 엄마가 줄 수 있는 것은 맛있는 음식, 격려, 산책, 용기 등이다. 엄마도 좌절했을 때 주변 사람들에게 피드백을 받는다. 아이도 자기 일이 잘 안 될 때 엄마는 아이의 주변인이 되어야 한다. 엄마가 아이의 주변인이 되어 피드백을 해 줘야 한다.

엄마가 피드백하는 것이 어렵다면 아이의 입장에서 '엄마가 어떻게 해주길 원할까?'라고 생각하면 답이 보인다. 엄마가 듣고 싶은 말을 아이에게 하는 것이다. 엄마는 아이를 잘 안다. 그래서 엄마만이 아이에게 맞는 피드백을 해줄 수 있는 유일한 조건을 가진 사람이다.

5

아이들과
대화를 하는 엄마가 되기까지

나는
싱글맘이 되었다

✱ 아이가 나를 보면서 웃는 환한 웃음 속에서
내가 세상을 제대로 살아야 할 이유를
찾았다. 그것은 바로 내 아이들이었다.

밤 11시. 아이들이 깊이 잠든 것을 확인하고 나는 밖으로 나간다. 집에 있으면 숨이 막힐 것 같아 바람을 쐬러 간다. 길을 걸으면서 오고 가는 사람들을 본다. 지나가는 사람들을 보면서 '다른 사람들은 아무 일 없이 잘 사는 데 나는 왜 이럴까?'라는 생각에, 내가 세상에서 제일 힘든 상황에 놓인 것처럼 허물어졌다. 그렇게 나는 나의 현실을 부정하면서 매일 아침에 꿈일 거라는 생각으로 눈을 떴다.

큰애가 4학년, 작은애가 3학년 되던 해에 나는 싱글맘이 되었다. 싱글맘이 된 후 "하늘은 열심히 사는 사람에게 복을 준다"라는 말을 믿지 않았다. 그렇게 열심히 살았지만, 나의 의지로 바꿀 수 없는 상황이 많았다. 싱글맘이 된 후 세상의 긍정적인 언어들을 부정적 언어로 바꾸기 시작했다. 부정적인 언어는 나를 더 힘들고 깊은 나락으로 떨어지게 했다.

그때부터는 다른 사람의 평범한 일상이 나에겐 특별함으로 다가왔다. 다른 가족이 오붓하게 밥 먹는 것이 부러워 눈물 날 때도 있었다. 이제는 둘이 하던 모든 일을 혼자 감당해야 했다. 주변에서 힘내라는 말도 허공에 떠돌았다. 힘내고 살아야지 했다고 해서 힘낼 수 있는 상황이 아니었다. 생계에 대한 막막함과 앞으로 살아갈 날들에 대한 두려움이 나를 더 힘들게 했다.

어느 날 작은애가 아파서 약을 먹이고 수업에 가려고 했다. 수업 가야 할 시간이 다 되어서 마음이 조급해졌다. 나의 마음과 달리 아이는 약을 안 먹겠다고 입을 꽉 다물었다. 아픈 아이를 위해 '약을 먹여야지'가 아니라 '너라도 나를 도와줘야지. 약을 제발 먹어줘라'라는 마음이었다.

억지로 먹이고 싶지 않아 한참 아이를 설득하던 나는 결국 '너까지 나를 힘들게 하니!'라는 생각에 "약 안 먹을 거면 먹지 마!"라고 하면서 약병을 벽으로 던져 버리고 말았다. 빨간 물약이 담겨 있던 플라스틱 통은 '퍽' 터지면서 하얀 벽을 빨간 도트무늬로 장식했다.

내가 화내는 모습을 처음 봐서 그런지 작은애는 그 자리에서 얼어버린 듯 움직이지 않았다. 옆에서 있던 큰애도 놀던 동작을 그대로 멈추고 나를 봤다. 나는 온 세상이 멈춘 듯한 느낌이 들었다. '내가 무슨 짓을 한 거지? 아이에게 화풀이하고 있구나'라는 생각에 죄인이 된 기분이었다.

'아이들이 무슨 죄가 있지?' 아이로 인해 나의 상황이 힘들어진 것도 아닌데 내가 아이에게 나의 감정 쓰레기들을 쏟으려 했던 것이다. 물약 사건이 있던 날 나도 당황해서 사건을 어떻게 마무리했는지 기억이 안 난다. 하지만 그날 잠든 아이들 얼굴을 보고 내가 다시는 집 밖으로 나가면 안 되겠다고 생각했다. 잠자는 아이들 얼굴을 보고 있자니 태희(중2)가 했던 말이 생각났다.

"선생님, 엄마하고 다투면 엄마가 미안하다고 사과할 때가 있잖아요. 엄마는 미안하다고 사과하면 내가 마음이 금세 풀리는 줄 아나 봐요. 제가 마음이 안 풀려서 대답을 안 하면 엄마가 '미안하다고 하면 화 풀어야 하는 거 아니냐?'고 하면서 또 화를 내요. 사람이 어떻게 미안하다는 말 한마디에 화가 저절로 풀려요? 저도 화 풀릴 시간이 필요하잖아요. 어른들은 미안하다고 하면 바로 화가 풀리나요? 저는 안 되던데요."

나는 아이들이 '나의 행동에 대해 어떻게 생각할까?' 궁금했다. '물약 사건이 아이들에게 트라우마로 남지 않았을까? 내가 엄마라는 이유로 나의 감정대로 아이들을 함부로 대했던 것은 아닐까?' 나는 아이들에게 사과하려고 나들이 겸 바닷가엘 갔다. 아이들은 신나게 놀았다. 아이들을 보면서 건강하고 즐겁게 노는 것이 고맙게 느껴졌다. 집에서의 일을 후회할 때쯤 작은애가 뛰어오면서 내 품에 안기며 말했다.

"엄마, 엄마는 63빌딩만큼 크죠?"
"엄마가 그렇게 크게 보여?"
"네! 진짜 63빌딩처럼 커요. 내가 고개를 이렇게 뒤로 해야 엄마 얼굴이 보이잖아요."

이 말을 듣고 나는 웃었다. 키가 153cm 정도 밖에 안 되는 내가 아이 눈에는 63빌딩처럼 커 보였던 모양이다. 아이는 내 키가 아니라 마음의 키로 나를 봤던 것이다. 나는 아이에게 63빌딩처럼 커 보이는 엄마였던 것이다.

작은애는 나에게 63빌딩이라는 약을 처방해 준 후 어둠 속에서 방황하는 나를 세상 밖으로 그렇게 끌어내 주었다. 아이가 나를 보면서 웃는 환한 웃음 속에서 내가 세상을 제대로 살아야 할 이유를 찾았다. 그것은 바로 내 아이들이었다.

나는 물약을 던져 미안하다고 했다. 작은애가 물약을 빨리 안 먹은 이유는 약 먹기 싫은 것도 있었지만 나와 같이 있고 싶어서 한 행동이라고 했다. 아이는 내가 화내서 약 안 먹은 것이 아주 큰 잘못인 줄 알았다고 했다. 바빠서 화를 낸 것인데 아이는 내 생각과 다르게 알고 있었다. 나는 아이와 그렇게 오해를 풀었다.

나는 엄마의 정을 그리워하는 아이의 마음을 이해하지 못한 무능한 엄마였다. 아이들은 엄마가 일해야 한다는 것을 어릴 때부터 알았는지 "엄마, 빨리 오세요. 엄마, 안 가면 안 돼요?"라는 말을 하지 않았다.

내가 아침 일찍 학교 수업 갈 때는 초등학생인 아이들이 나보다 먼저 챙기고 현관에 서 있었다. 아이들이 나의 눈치를 보는 건지 집안의 공기로 빨리 철드는 건지 알 수 없었지만, 아이들의 행동을 생각하면 내가 갑자기 미안해졌다. 나의 힘든 마음이 아이의 슬픔이 되게 하면 안 되었다.

아이들이 "엄마가 밖에 나가면 집에 안 올까 봐 불안해요. 엄마는 우리 곁에 있을 거죠?"라는 얘기를 한 적 있다. 아이들은 아빠의 부재를 보며 엄마도 떠날지 모른다고 생각하고 있었다. 나는 내가 힘들다는 이유로 아이들 마음에 난 상처를 보지 못했던 것이다. 상처가 나면 빨리 약을 발라야 하는데 내가 아이 상처를 보듬어 주지 못하고 있었다.

나는 어른이기에 스스로 상처를 극복해 갈 수 있다. 하지만 아이들은 자신의 상처를 어떻게 할 줄 모른다. 그저 나를 쳐다보면서 나에게 상처를 치료받기 원한다. 나는 아이들의 상처가 낫기 바라며 아이들에게 "너희가 엄마 없으면 못사는 것처럼 엄마도 너희 없으면 못 살아"라고 하며 있는 힘껏 안아줬다.

나는 아이들을 양육하며 살아가야 하고 좀 더 현실을 바라봐야 했는데 인생을 실패한 사람처럼 비틀거리고 있었다. "사람이 드는 건 몰라도 나는 건 안다"라는 속담처럼 혼자 되어 보니 기둥이 빠진 것처럼 나도 흔들리고, 집도 흔들리고 있었다.

이제는 빠진 기둥을 내가 세워야 했다. 하지만 어디서부터 시작해야 할지 몰랐다. 내가 가장이 된 현실을 부정하면서 흔들릴 때 나를 잡아준 것은 "엄마는 63빌딩처럼 커요"라는 아이의 한 마디였다.

책 읽기로
마음의 안정을 찾다

✱ 아이들의 책 읽기가 도움이 된 시기는 사춘기였다.
자신에 대해 고민을 많이 하던 사춘기의 책 읽기는
아이들의 삶을 성장시켰다.

"경미야, 나 너무 힘들다. 살아 보려고 하면 할수록 더 깊은 구덩이에 빠지는 느낌이야. 내가 이러면 안 되는 거 아는데 멍하니 걸어 다니는 것 같아. 힘을 얻을 수 있는 뭔가 있으면 좋겠는데 그게 뭔지 모르겠어."
"법륜 스님 들어봤니? 법륜 스님 강의를 들어보든가 책을 한 번 읽어 봐."

나의 하소연을 가만히 듣던 친구가 한 말이다. 나는 친구가 추천한 책을 망설임 없이 사서 읽었다. 법륜 스님의 책에는 다양한 사람들의 고민이 들어있었다. 책 속에 있는 사람들의 고민을 읽으니 나만 힘든 것이 아니라는 것에 위안이 되었다. 법륜 스님의 이야기는 힘내고 살라는 것처럼 나를 다독여 주는 것 같았다. 책을 읽으면서 엉엉 울었다.

"울고 싶을 땐 실컷 울어. 그럼 힘이 날 거야. 넌 너무 울음을 참고 살아온 것 같아"라고 한 친구의 말이 생각나서 더 울었다. 울고 나니 가슴속 응어리가 조금씩 풀어지는 느낌이 들어 숨을 쉴 수 있었다.

그동안 삶이 힘들수록 마음은 점점 공허해지고 마음속에 휑하니 찬 바람이 불었다. 그리고 세상을 바라보는 시선이 차갑고 부정적이며 독해지고 있었다. 주변 사람들은 나에게 "왜 그렇게 말투가 딱딱해요? 왜 얼굴에 웃음이 없어요?"라는 말을 했다. 그 말을 들으면서 '내 상황이면 말을 부드럽게 하고 웃을 수 있을까? 내가 이 정도로 다니는 것도 노력하는 건데 뭘 모르는 소리를 하네'라며 부정적으로 받아들였다.

하지만 나에게 일어난 일을 원망할수록 더 힘들어지기만 했다. 그리고 원망이 쌓여갈수록 의지할 곳을 찾았다. 그러다가 의지할 곳을 찾지 못하면 의지처가 없는 것이 또 다른 원망으로 이어졌다. 원망이 늘어나면서 나는 점점 작아지고 있었다.

이때 법륜 스님의 책은 나의 등을 두드리면서 네 마음을 이해한다는 듯이 위로해 해주었다. 책장을 넘길수록 나는 '나'를 바라볼 수 있었다.

내 사고와 생각으로 이해할 수 없는 것도 받아들여야 합니다. 정말 나하고 안 맞다 싶을 때 이것을 과제로 삼아 살아가는 것, 그것이 공부입니다. 〈스님 답답합니다〉 법륜 스님

법륜 스님의 책을 읽으면서 나의 행동들을 반성했다. 나는 이제부터 내 마음을 움직일 수 있는 인생 공부해야 했다. 홀로서기를 위한 인생은 새로운 시작이다. 나는 이제부터 지금까지와는 다른 삶을 살아갈 것이다. 그러기 위해서는 내가 지금까지 생각했던 방식을 벗어나야 했다.

내가 그동안 생각한 것이 답이 아니듯 내가 다른 삶을 사는 것이 다른 답이 될 수 있다는 용기가 생겼다. 법륜 스님 책으로 세상이 다르게 보이기 시작했다. 아이들 웃음 속에 행복이 보이고, 하늘도 예쁘고, 주변에 있는 모든 것이 소중했다.

그냥 해 보세요. 안 되면 다시 하세요.
비 오면 우산 쓰고 더우면 옷 벗으면 되지요.

> 모든 괴로움과 얽맴은 다 내 마음이 일으킵니다. 〈즉문즉설〉 법륜 스님

　법륜 스님의 말이 맞았다. 내가 나를 제대로 바라보니 그동안의 원망과 힘듦은 내 마음 때문이었다. 스님의 책을 읽고 마음의 괴로움과 원망이 점차 사라졌다. 나에게 큰 변화가 일어났다. 아이들과 사는 것, 일하는 것, 사람 만나는 것들이 모두 즐거웠다. 나는 법륜 스님 책으로 마음의 화가 사라지면서 이제까지 경험하지 못한 즐거움을 알게 되었다.
　처음엔 주변에서 "힘내라"라는 말이 공허한 메아리처럼 느껴졌었지만, 스님의 책 때문에 나에게 응원의 말을 하는 모든 사람의 정성과 기운이 느껴졌다. 주변에서 나를 응원해 주는 사람들 덕분에 세상을 살아갈 힘이 생겼다.
　책을 읽으면서 감정 쓰레기를 완전히 정리했다. 원망이 눈 녹듯 사라졌다. 원망이 사라지고 마음이 편해진 후 아이들과 대화를 할 수 있었다. 아이들과 대화하면서 나도 모르는 사이 많이 자란 큰애의 마음, 애교 많은 작은애의 마음이 보였다.
　나는 아이들과 마음을 나누며 성장 대화를 했다. 성장 대화는 아이들의 생활과 행동에 관해 이야기하는 것이다. 성장 대화는 아이들과 나를 연결해 주는 끈이 되었다.
　내가 책 읽기로 마음의 안정을 찾게 되자, 아이들에게 책

읽기의 좋은 점을 알려 주고 싶었다. 그래서 아이들과 책 읽기로 성장 대화를 했다. 아이들과 책에 관해 이야기하면서 자신들의 생각도 표현하게 했다.

책으로 하는 성장 대화는 책을 읽고 "알게 된 것이 뭐니?"라고 책 내용을 물어보는 것이 아니라, "책을 읽으니까 어땠니? 책의 어떤 부분이 힘이 되었니? 책으로 네 생활이 달라졌다면 어떻게 달라졌니? 책에 대한 너의 생각은 뭐니?"라는 것들이었다. 처음에는 "잘 모르겠어요"라고 말하던 아이들이 점점 자신의 마음을 표현했다.

아이들의 책 읽기가 도움이 된 시기는 사춘기였다. 자신에 대해 고민을 많이 하던 사춘기의 책 읽기는 아이들의 삶을 성장시켰다. 사춘기가 지난 후 아이들은 "엄마, 사춘기 때 책을 읽게 해주셔서 감사합니다"라는 말을 했다. 아이들도 나처럼 책으로 위안을 받았던 것이었다.

미국교육은 '네 안에 있는 것은 무엇인가'를 궁금해한다면 한국 교육은 '네 안에 무엇을 넣어야 할 것인가'를 고민하는 것이 가장 큰 차이라고 했습니다. 바깥에 기준점을 세워놓고 맞추는 것이 아니라 사람 안에 있는 교육의 무엇을 끌어내는 교육을 이야기한 것이죠. 교수들은 학생들에게 무언가를 집어넣으려 하지 않고 뽑아내려고 애썼습니다. 〈여덟 단어〉 박웅현 책으로 성장 대화를 한 아이들은 자기 생각을 표현하면서 자신을 잘 알게 되었다. 그리고 자신의 마음을 들여다보면서 '나'에 대해 생각을 많이 하게 됐다. 사람은 힘든 상황에 부닥치면 부정적으로 변하거나 더 발전한다고 한다. 나와 아이들은 책으로 힘든 시기를 견뎠고 지금도 책과 함께하며 성장하는 삶을 살고 있다.

책 읽기로
생각하는 방법을
바꾸다

✱ 아이가 나의 말을 잘 듣거나 안 듣는 것이
중요한 것이 아니다. 내가 여러 상황을
이야기하면 상황에 맞게 행동하는 것은
아이의 몫이다.

　인문학은 나의 관점을 다양하게 변화시켰다. 인문학을 읽으면서 필사, 느낀 점 적기, 핵심 단어 적기를 하면서 생각이 달라졌다. 전보다 상황이 더 나빠지지 않으면 감사하고, 어제보다 더 나은 오늘에 감사하기 시작했다.
　내가 달라지면서 객관적으로 세상을 바라보게 됐다. 몸이 경직되고 긴장한 것처럼 힘주고 살던 내가 몸에서 힘을 뺄 수 있었다. 그리고 몸의 힘을 빼고 나니 생활이 유연해지면서 삶의 에너지가 생겼다.
　나를 지탱할 힘이 생기면서 온전히 나에게 집중하게 됐다.

나에게 집중하니 모든 것이 나로부터 시작되기 시작했다. 수동적인 삶을 살던 내가 주체적인 삶을 살려는 용기가 생기고 하나씩 삶에 변화를 주고 싶어졌다.

내 삶의 변화를 가장 먼저 알 수 있는 건 아이들과의 관계였다. 아이들과 이야기할 때마다 하나의 답만 이야기하지 않고 여러 개의 가능성을 제시하게 되었다. 그리고 아이들이 하는 행동에서 아이만의 특성을 알아볼 수 있는 능력이 생겼다. 그러면서 아이들에게 잔소리하지 않고 아이를 믿고 기다리는 힘이 내 안에서 자랐다.

내 생각이 바뀌면서 아이들에게 주체적으로 자신의 삶을 선택할 기회를 많이 주게 되었다. 그러면서 아이들은 잘잘못을 판단할 수 있는 능력이 길러졌다. 나를 변하게 한 인문학은 아이들에게까지 영향을 주었다.

부모와 교사들이 성장 마인드셋(mindset)을 그저 자신의 머릿속에 담아두기만 할 것이 아니라 몸소 행동으로 실천해야 한다는 것입니다. 어떻게 칭찬하고(배움의 과정), 어떻게 역경을 대하며(배움의 기회), 어떻게 깊이 있는 이해에 집중하는 지(배움의 목표) 보여줌으로써 말입니다. 〈마인드셋〉 캐럴 드웩

작은애가 중학교 때였다. 아이가 친구와 싸워서 학교를 방

문하라는 전화를 받았다. 작은애가 운동을 해서 친구가 많이 다치지 않았는지 걱정이 되었다.

'선생님이 나를 학교로 부르는 것을 보니 싸움이 커졌구나. 아이를 보면 뭐라고 해야지? 혼내야 하나?'라는 생각을 하면서 학교로 갔다.

교무실에 들어서니 작은애 혼자 선생님 앞에 있었다. 아이 얼굴을 보니 퉁퉁 부어 있었다. 얼굴을 보는 순간 속상해서 상대편 엄마와 합의하고 싶었다. 선생님이 "때린 학생의 엄마를 부를까요?"라고 하자 작은애가 나와 할 말이 있다고 해서 복도로 나왔다.

"어떻게 할래? 친구 엄마 오라고 할까?"
"친구 엄마가 오면 일이 더 커질 것 같아요. 제가 알아서 해결할래요."

작은애와 이야기한 후 선생님께 "아이들 싸움이니 아이들끼리 해결하도록 하겠습니다"라고 말하니 선생님은 당황해하면서 나에게 고맙다고 했다. 아마 선생님도 사건을 크게 만들고 싶지 않았던 모양이다.

나는 속상했지만, 작은애 스스로 해결하면서 성장할 수 있을 거라는 생각에 알아서 하게 했다. 작은애를 데리고 병원으로 가는데 아이는 나에게 혼날까 봐 고개를 푹 숙이고 따라왔다.

"엄마, 왜 혼내지 않으세요?"
"어떤 상황인지 듣지 않고 혼내는 건 안 되지. 말해 봐. 네가 혼날 상황인지 아닌지 판단해 보자."
"그래도 엄마가 항상 사람 얼굴은 때리지 않아야 한다고 해서 얼굴은 안 때렸어요. 처음에는 너무 화나서 주먹이 친구 얼굴로 향하는 순간 엄마 말이 생각나서 주먹을 불끈 쥐었어요."
"싸우는 중에 엄마 말을 기억했니? 엄마 말을 기억해 줘서 고마워. 우리 파이팅 하자."
"엄마, 치료비 많이 나오면 어떻게 해요? 죄송해요."
"실비보험이 있으니까 괜찮아. 실비보험은 이럴 때 쓰는 거지. 어차피 보험으로 처리하면 엄마 돈은 안 쓰는 거야. 걱정하지 마."

작은애는 학급의 약한 친구를 괴롭히는 학생과 싸움을 한 것이었다. 다음날 학교엘 갔더니 때린 친구가 "미안해. 치료비 줄게"라고 했는데 받지 않겠다고 하니까 더 미안해했다고 한다.

　반 친구들은 운동하는 작은애가 주먹을 쓰지 않아 멋지다고 하고 약한 친구를 괴롭히던 학생은 더는 친구를 괴롭히지 않게 됐다. 작은애는 자신의 선택이 옳았다는 것을 알고 기뻐했다.

　나는 아이에게 "왜 친구랑 싸워서 이 꼴이니? 너는 왜 친구 일에 끼어드니? 네가 뭘 어떻게 해결할 건데. 합의하면 될 것을. 너 때린 친구도 똑같이 혼나야지"라고 말할 수 있었다. 하지만 내가 나서면 아이는 나에게 미안한 마음으로 스스로 작아지고 사건을 자신의 힘으로 해결할 기회를 얻지 못하게 되었을 것이다.

　나는 아이에게 친구와의 싸움은 나쁜 것이다. 하지만 싸울 상황이 된다면 사람은 소중한 존재이기 때문에 "주먹을 함부로 쓰지 말라"는 말을 했었다. 아이가 나의 말을 잘 듣거나 안 듣는 것이 중요한 것이 아니다. 내가 여러 상황을 이야기하면 상황에 맞게 행동하는 것은 아이의 몫이다. 나는 아이의 행동 역량을 길러주고 싶었다.

　아이는 항상 나와 같이 살아갈 것이 아니다. 언젠가 홀로 세상을 살아가야 한다. 나의 기준에서 아이를 판단하고 행동을 평가하면 아이는 더 크지 못할 것이다. 아이에게 일어나는 일은 최대한 객관적으로 판단해야 한다. 아이의 판단이 느리든, 잘 안 되든 스스로 체험하는 시간이 필요하다. 엄마는 다만 아이 스스로 체험하고 넘어지고 다시 일어날 때까지 기다려 주면 된다.

에 필 로 그

책 쓰기로
가슴이 뛰다

　내가 싱글맘이 된 후 "즐겁게 살아"라는 말을 많이 들었다. 왜 싱글맘은 즐겁지 않을 거로 생각할까? 처음에는 모든 것이 힘들었지만 견딜 수 있었다. "즐겁게 살라"는 말을 한 번 들을 때는 괜찮지만 자꾸 들으니까 화가 났다. '내가 그렇게 불행하게 보이나?'라는 생각에 기분이 좋지 않았다. 나는 "힘내"라는 말보다 "지금 잘하고 있어"라는 말이 더 좋았다.
　어느 날 친구가 매일 아침 카페에서 커피를 사고 출근하는 것을 알게 됐다. 출근하기 전에 사는 커피는 자신을 위한 거라고 말하는 친구의 얼굴은 즐거워 보였다. 친구의 이야기를 듣고 '나는 그동안 나를 위해 무엇을 했을까?'라는 생각을 했다. 300원짜리 자판기 커피값조차 아까워서 커피를 마시지 않았던 나를 떠올리니 씁쓸했다.

생계를 위해서, 아이들을 위해서 열심히 사는 것은 당연하다고 생각했다. 그동안 여유를 갖고 사는 삶은 사치라고 생각했다. 여유를 가지면 시간을 낭비하는 것 같아서 바쁘게 살았다. 익숙하지 않지만 조금씩 나를 위해 할 수 있는 작은 시간을 갖기로 했다.

마음의 여유 갖기, 바쁘게 살지 않아도 된다고 스스로 위로하기, 열심히 살아 온 나 자신을 격려하기, 멀지 않은 거리에 드라이브 가기, 카페에서 책 읽기, 친구와 수다 떨기, 버스 타고 기분 전환하기 등 내가 할 수 있는 작은 것들부터 시작했다.

나를 위한 것들을 찾아가는 중 가장 좋은 것은 책 읽기와 자기계발이었다. 책 읽기와 자기계발은 나를 발전시키고 삶을 활기차게 만들면서 내가 움직이고 있다는 느낌이 들게 했다.

내가 바쁘게 움직이다 보니 아이들에게 공부하라고 할 시간조차 없었다. 그래서 아이들이 공부에 스트레스를 받지 않고 알아서 했다. 나는 열정적으로 배우고, 아이들은 자신들의 공부를 열심히 했다. 내가 할 일이 있으니 아이들에게 필요 없는 감정 소모가 되지 않았다.

　아이들은 "엄마는 우리가 공부하는 것보다 더하는 것 같아요"라는 말을 한다. 내가 싱글맘을 견딜 수 있었던 것도 책을 읽어서 가능했다. 책이 나를 살렸다. 생활이 힘들고 좌절할 때마다 책을 찾아 읽었다.

　아침 일찍 밥상을 차리면서도 책을 읽었다. 책을 읽으면 읽을수록 나에 대한 믿음이 강해졌다. 그리고 당당해졌다. 내가 책을 읽어서 아이들도 책에 대한 부담이 없이 일상생활처럼 책을 읽었다.

　어느 날 '앞으로 내가 어떻게 살까? 무엇을 하면 내가 좀 더 원하는 삶을 산다는 생각이 들까? 나를 위해서 살려면 내가 변해야 할 것이 무엇일까?'라는 생각을 했다. 나를 위해 살기 위해서는 용기가 필요했다.

　내가 꼭꼭 숨기고 싶었던 나의 결점을 인정할 용기였다. 한쪽 귀가 잘 안 들리는 것과 싱글맘이라는 사실을 드러낼 용기였다. 나는 그동안 열심히 살았다. 하지만 남들이 나의 비밀을 알까 봐 숨어 지내면서 나만의 방에서, 나만의 세계에서만 열심히 살았던 것이다.

　'그래, 용기를 내자. 사람들이 알면 어때? 내가 한쪽 귀가 잘 안 들리고 싱글맘이 된 것이 내 잘못이 아닌데'라는 생각을 하자 갑자기 머릿속이 백지장처럼 하얗게 되더니 한 단어가 새겨졌다. 그 단어는 '책 쓰기'였다. '책 쓰기' 단어가 떠오르자 가슴이 뛰었다.

'책 쓰기'는 내가 갖고 있던 소망도, 버킷리스트도 아니었다. 나는 버킷리스트를 적고 살 상황도 아니었고 나의 꿈을 위해 살 정도로 몸과 마음이 여유롭지 못했다. 친구들이나 주변에서 버킷리스트에 관해 얘기할 때마다 너무 부럽고 버킷리스트라는 것이 나와 다른 세상 이야기처럼 느껴졌었다.

그런데 어느 날 갑자기 꿈도 버킷리스트도 아니었던 '책 쓰기'는 나의 가슴을 뛰게 했다. 이 나이에 가슴 뛰는 일이 생길 수 있다는 것이 신기했다.

예전에 선배가 "너는 하는 일에 만족하니?"라고 물어봤을 때 일말의 망설임도 없이 만족한다고 대답했더니, 질문한 선배가 매우 놀라워했다. 주변에 자기 일에 만족해서 하는 사람이 별로 없다는 것이다. 나처럼 제 일에 만족하는 사람은 보기 드물다고 했다.

내가 좋아하고 열심히 할 수 있는 일을 해서 항상 복 받은 사람이라고 생각했다. 그동안 나는 '그래, 잘하고 있어'라고 생각하면서 살았다. 하지만 '책 쓰기'는 이제까지 열심히 살았다고 생각한 나에게 열심히 사는 것과는 다른 엄청난 에너지를 줬다.

하상욱 작가가 〈튜브, 힘낼지 말지는 내가 결정해〉에서 "이제부터 내가 삶을 바꾸고 싶다. 지금까지는 삶이 나를 바꿔 왔으니"라고 말한 것처럼 나도 나의 삶을 발전적으로 바꾸고 싶다.

지난 세월을 생각해 보면 그 시간은 나를 위해 열심히 산 것이 아니라 가장으로서 열심히 살아온 것이었다. 대부분 가장이 그러하듯이 나의 삶은 없었다. 아이들을 키우기 위해, 생계를 해결하기 위해 살았다. 물론 생계를 위한 삶도 중요하다. 하지만 생계를 위해 살면서 나를 챙기지 못했다. 그냥 쉼 없이 살아왔다.

'지금 나이에 책 쓰기를 하는 것이 무모한 도전은 아닐까? 평범하게 살던 내가 책을 쓸 수 있을까? 그냥 살던 대로 살까? 쓸데없이 숨겨뒀던 비밀들을 얘기해서 내가 감당할 수 있을까?'라는 생각이 나를 지배했다.

하지만 이런 생각은 다시 나를 가두고 일어서지 못하게 만들 것 같았다. 지금 용기를 내지 않으면 시간이 지난 후 아쉬움이 남을 것 같았다. 나로 살기 위해 꺼내든 용기는 나를 세상에 드러내는 것이었다. 그래서 나를 위해, 나로 살기 위해 결심하고 책 쓰기에 도전하기로 했다.

책을 쓰기 시작하면서 가장 좋아해 준 사람들은 아이들이다. 내가 책을 쓸 수 있도록 큰애는 집안 살림을 맡아 주었다. 작은애는 내가 책 쓰는 것에 힘을 주려고 군 복무 중이지만 시간이 될 때마다 전화로 응원해 주었다. 아이들의 응원 속에서 나는 열심히 책을 썼다.

  나는 아이들을 위해 열심히 산 엄마로 기억되기보다 나의 삶을 개척하며 살아간 엄마로 기억되길 바란다. 책 쓰기를 시작하자 아이들이 "우리도 엄마처럼 도전하는 삶을 살고 싶어요"라는 말을 했다. 아이들의 말을 듣고 '내가 제대로 살고 있구나'라는 생각이 들었다. 그리고 나의 용기가 또 다른 누군가의 용기가 되기를 진심으로 바란다.

초판 1쇄   2020년 5월 30일
지 은 이 _ 고경희
펴 낸 이 _ 김현태
디 자 인 _ 디자인 창(디자이너 장창호)
펴 낸 곳 _ 따스한 이야기
등   록 _ No. 305-2011-000035
전   화 _ 070-8699-8765
팩   스 _ 02- 6020-8765
이 메 일 _ jhyuntae512@hanmail.net

따스한 이야기 페이스북 · 인스타그램
https://www.facebook.com/touchingstorypublisher
https://www.instagram.com/touchingstory512

따스한 이야기는 출판을 원하는 분들의 좋은 원고를
기다리고 있습니다.

가격 13,000원